Niedliche Sockenfiguren

Nähen und basteln mit Kindern

Irene Brischnik

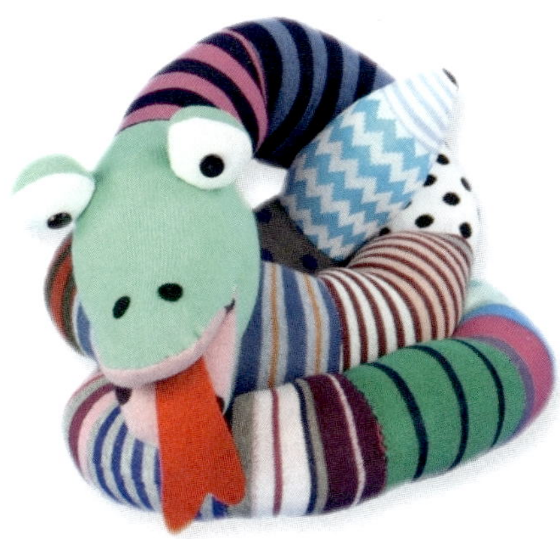

stiebner

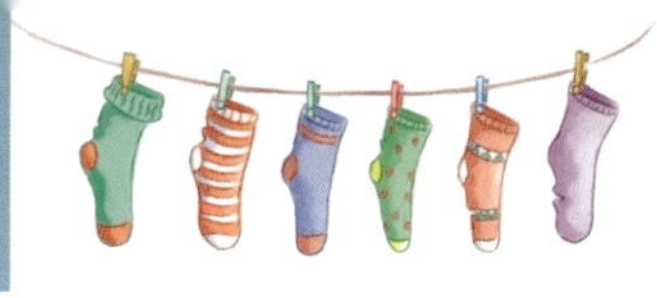

Inhalt

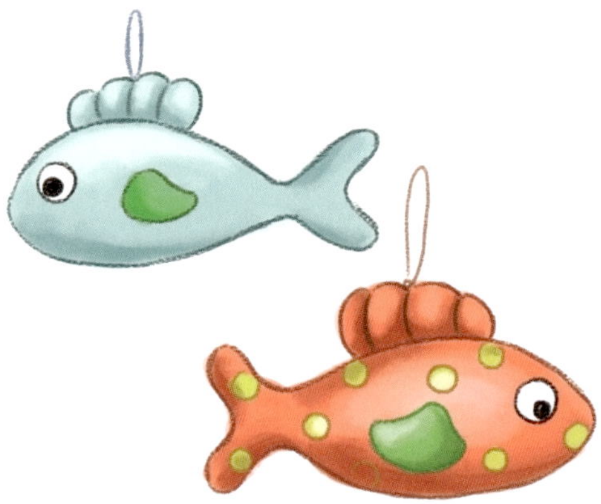

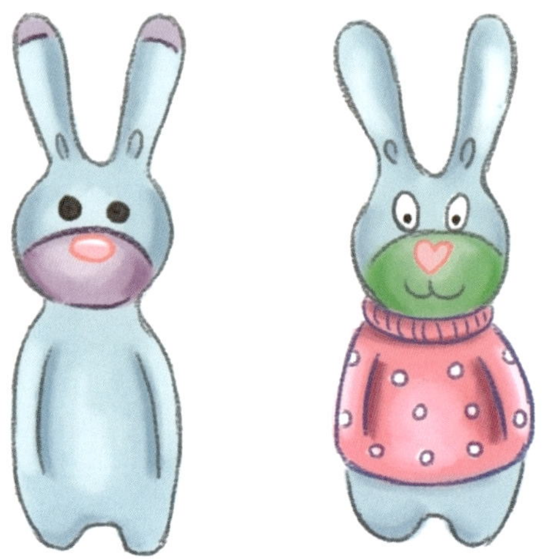

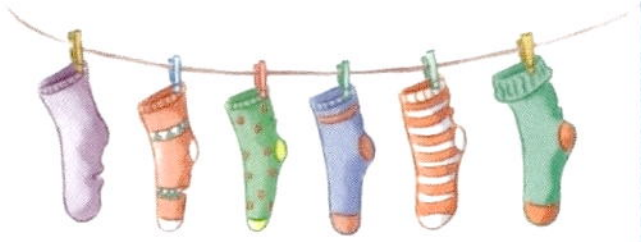

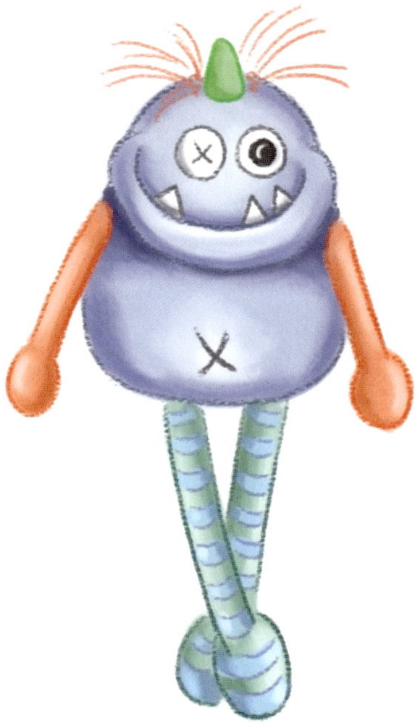

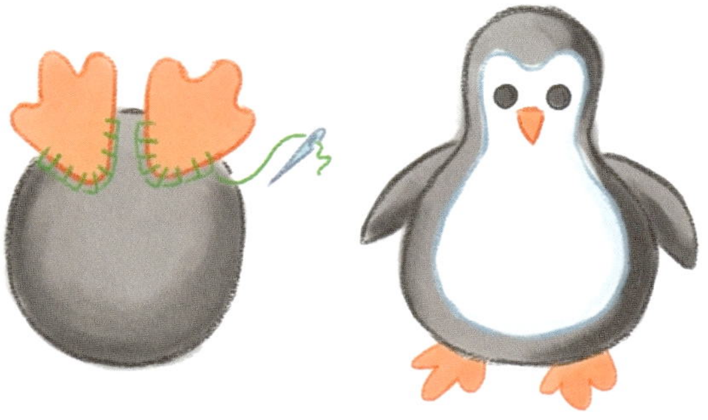

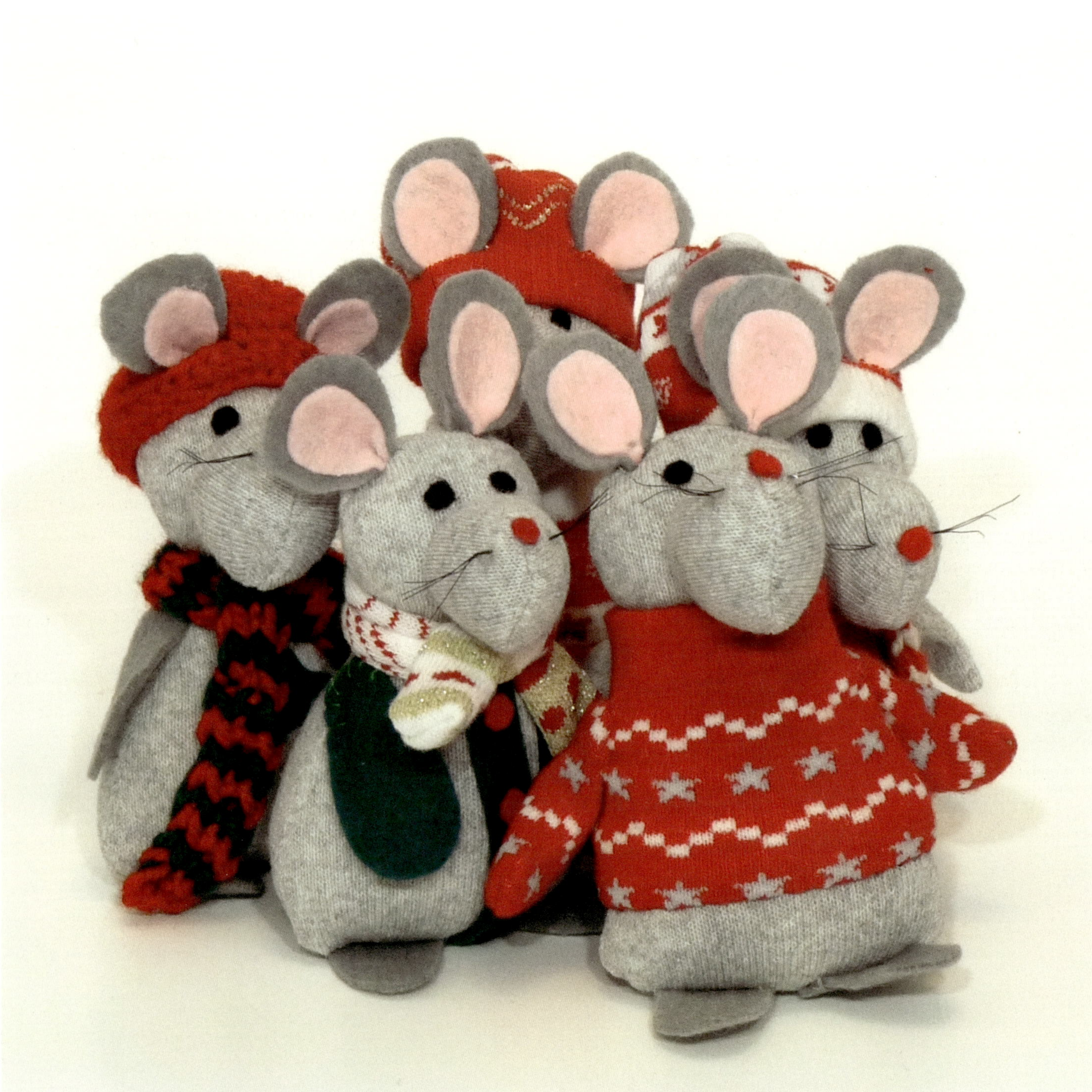

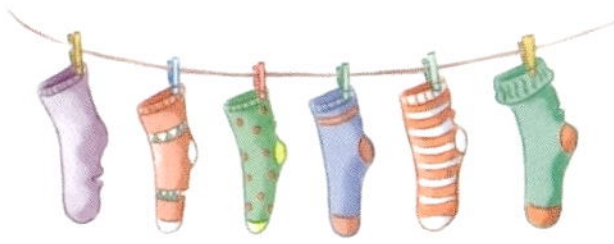

Vorwort

Stofftiere begleiten unsere Kinder durch die ersten Jahre ihres Lebens, und sehr oft wird ein bestimmtes Kuscheltier zu einem ganz besonderen Begleiter. Aus meiner eigenen Erfahrung weiß ich, dass Kinder liebevoll genähte Stofftiere sehr zu schätzen wissen – umso mehr, wenn sie selbst mitarbeiten oder bei Material- und Farbwahl mithelfen konnten.

Auf die Idee, Stofftiere aus Socken selbst zu nähen, bin ich bei der Suche nach Schnittmustern und Stoffen für meine ersten Kuscheltiere gestoßen, und sie hat mich sofort begeistert. Nach einigen Versuchen habe ich herausgefunden, dass es besonderen Spaß macht, die Kuscheltiere aus möglichst einfach erhältlichen Materialien herzustellen. Dadurch ergeben sich schier unendliche Gestaltungsmöglichkeiten, und jeder Einkaufsbummel wird mit der Zeit zur richtigen „Sockenjagd".

Damit auch Hobbynäher*innen mit Freude niedliche Stofftiere gestalten können, ohne sich lange in die Materie einarbeiten zu müssen, habe ich relativ einfache Nähanleitungen unter Verwendung von leicht verfügbaren Näh- und Bastelmaterialien entwickelt.

Es finden sich in diesem Buch 27 Anleitungen für Sockentiere mit unterschiedlichem Schwierigkeitsgrad. Manche erfordern ein klein wenig Näherfahrung, die meisten der Kuscheltiere sind jedoch rasch genäht und auch für Anfänger*innen und Hobbynäher*innen leicht umsetzbar.

Da ich es liebe, meine Wohnung saisonal zu dekorieren, und dafür auch meine Sockentiere verwende, habe ich meine Anleitungen thematisch nach den Jahreszeiten gegliedert. So finden Sie im Frühling Näh- und Bastelanleitungen für die Osterzeit, lustige Knuddeltiere im Sommer, Halloween-Dekoration und kleine Nebelmonster im Herbst und natürlich weihnachtliche Sockentiere im Winter.

Lassen Sie sich von meinem Buch inspirieren, und entdecken Sie Ihre eigene Kreativität. Schenken Sie Ihren alten oder nie getragenen Socken und Strümpfen eine neue Bestimmung, und genießen Sie das gemeinsame Basteln mit Ihren Kindern.

Viel Freude beim Nähen, Spielen und Verschenken wünscht Ihnen

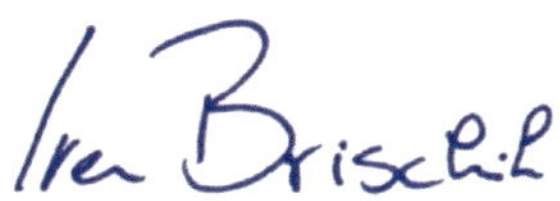

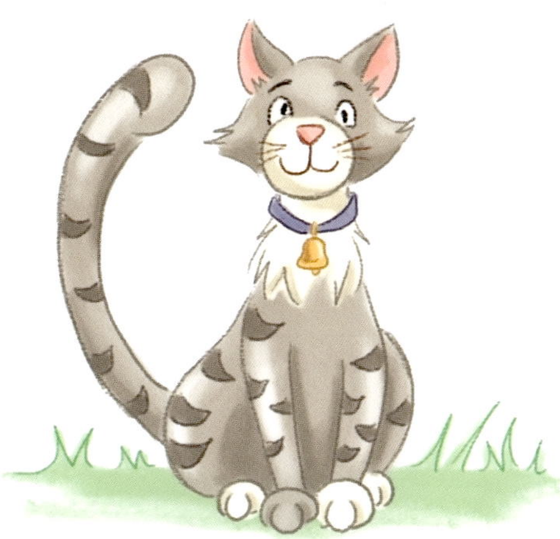

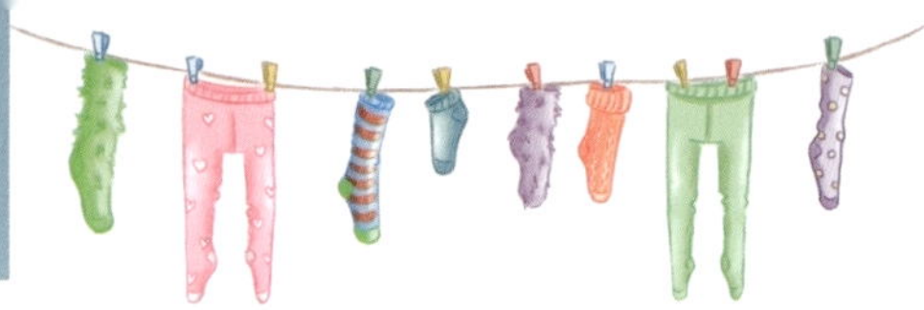

So werden aus Socken Stofftiere

3 verschiedene Schwierigkeitsgrade

Das wird gebraucht

- Benötigtes Material für die Sockenfiguren
- Socken und Strümpfe jeglicher Art und Farbe
- Eine gute Stoffschere
- Füllwatte: Wenn möglich Soft-Flocks
- Bastelfilz in verschiedenen Farben
- Bunte Wolle
- Knopflochgarn in passenden Farben
- Knöpfe: vor allem kleine, schwarze Knöpfe für Augen
- Stecknadeln und Nähnadel
- Weißen Reis, Dinkel oder Kirschkerne: Hierbei ist auch ein einfacher Trichter aus der Küche nützlich.
- Wackelaugen
- Nähmaschine und Nähseide
- Trickmarker: Die Farbe verschwindet später wieder oder lässt sich mit Wasser abwaschen
- Weiße Schneiderkreide für dunkle Socken: Sehr gut sieht man weiße Wachskreide/Schneiderkreide
- Textilkleber: Findet man entweder im Handarbeitsgeschäft, oder Sie verwenden einen Bastelkleber, welcher auch für Textilien geeignet ist.
- Stickgarn: vor allem in Schwarz für Nüstern und Münder. Alternativ können Sie auch schwarze Wolle verwenden.

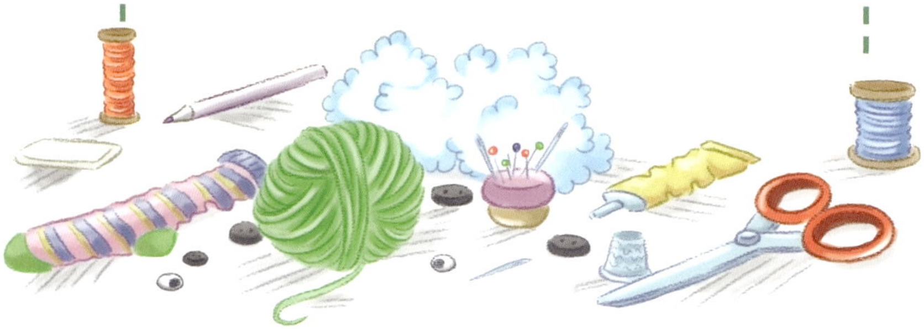

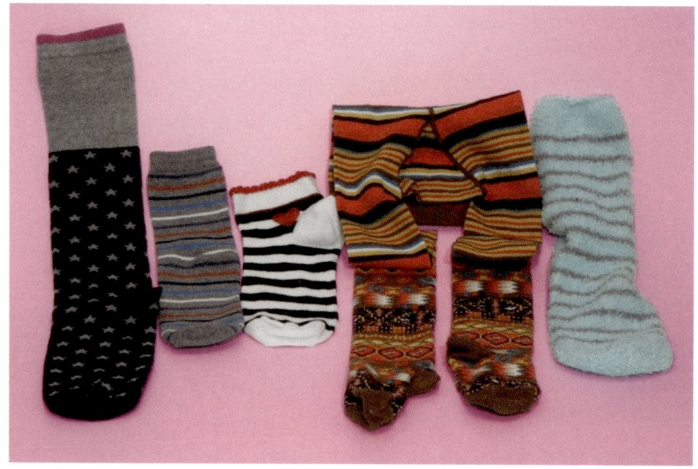

Verschiedene Sockenarten

Die Vielfalt und das zahlreiche Angebot an Socken und Strümpfen ergeben sehr viele Möglichkeiten zum Nähen und Verarbeiten. Wenn Sie einmal der Faszination Sockenfiguren erlegen sind, werden Sie sehr bald beim Bummeln und Einkaufen Socken entdecken, bei welchen Sie sich schon das passende Stofftier vorstellen können.

Welche Art der Socke Sie für welche Sockenfiguren verwenden wollen, sollte sich auch etwas danach richten, wofür Sie die Sockenfigur verwenden möchten. Zum Basteln mit Kindern oder für kleine Deko-Figuren können Sie durchaus auch Sockenware vom Discounter verwenden. Wollen Sie aber viel Arbeit, Zeit und Liebe in die Gestaltung eines Stofftieres investieren, empfehle ich Ihnen doch die Investition in hochwertigere Strumpfware, da dies die Enttäuschung durchscheinender Watte und harter Zehennähte erspart.

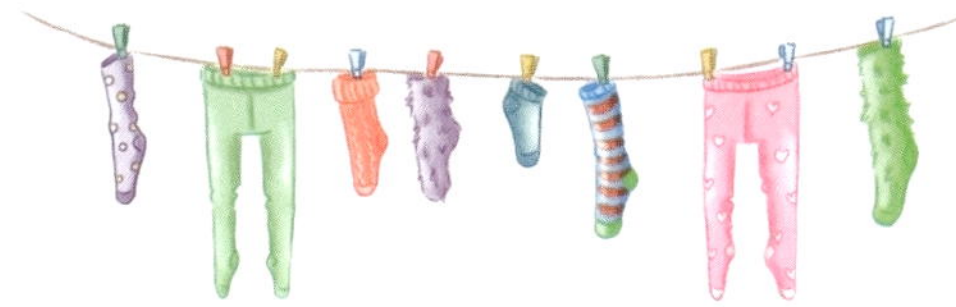

Ansonsten gilt: Erlaubt ist, was gefällt. Seien Sie kreativ, verarbeiten Sie Bastelmaterialien und Strümpfe nach Lust, Laune und Verfügbarkeit.

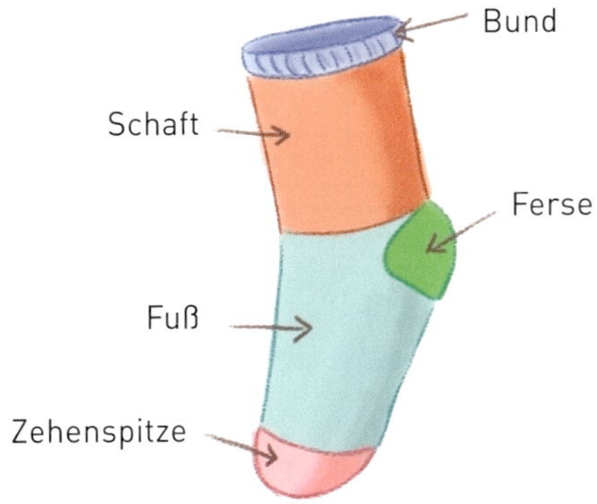

Welche Sockenarten sind gut und welche sind weniger geeignet?

- **Kurzsocken** 1

Sehr häufig findet man größere Packungen Kurzsocken. Diese sind für kleinere Stofftiere wie Glücksschweine, Fische, kleine Vögel etc. durchaus geeignet.

- **Socken**

Die schönsten Farben und die besten Verarbeitungsmöglichkeiten bieten größere Kindersocken. Diese haben sehr oft andersfarbige Zehen- und Fersenteile, bunte Streifen oder Muster.

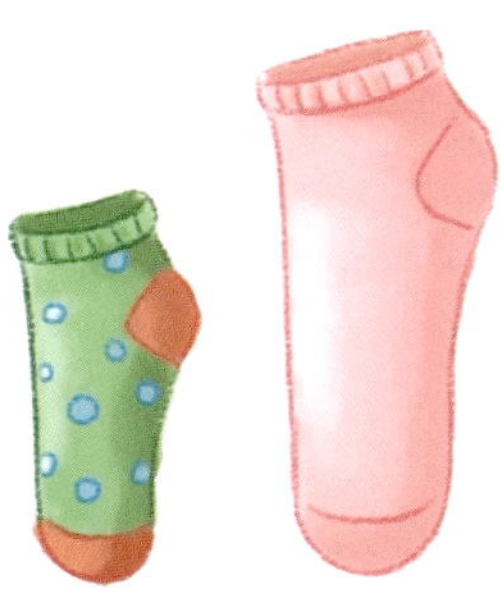

1

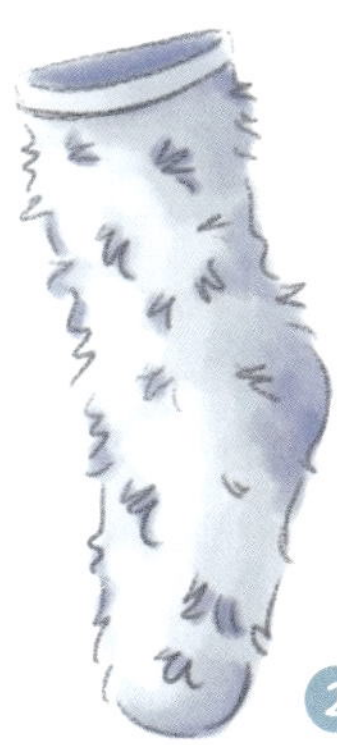

2

- **Kuschelsocken** 2

Diese flauschigen Socken ergeben oft ein niedliches Stofftier. Einmal aufgeschnitten, können Sie beim Nähen sogleich die Fusselrolle zur Hand nehmen. Allerdings lohnt sich der Mehraufwand, da sie Kindern oft sehr viel Freude bereiten.

- **Stricksocken** 3

Gestrickte Socken und Strümpfe können auch sehr gerne zu Mützen verarbeitet werden oder Monstern oder Eulen einen rauen Grundton verleihen.

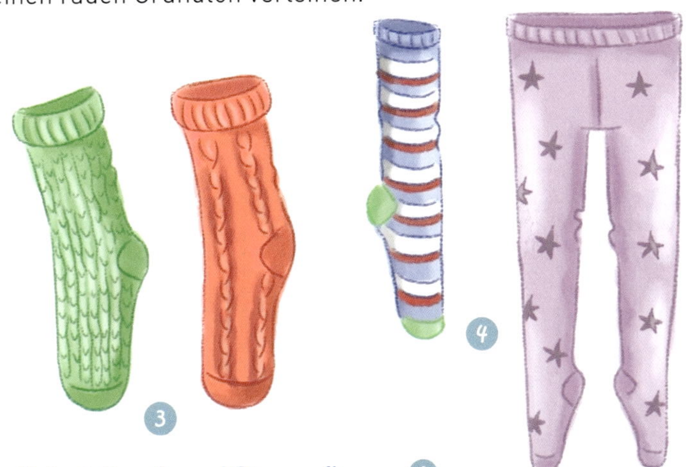

3

4

- **Kniestrümpfe und Strumpfhosen** 4

Bei Kniestrümpfen oder Strumpfhosen hat man den meisten Spielraum, denn man kann großzügig zuschneiden und hat die Möglichkeit, eventuelle Fehler zu korrigieren.

Nicht geeignet

- Absolut nicht brauchbar sind leider Stopper-Socken, da sich der Rutschgummi nicht verarbeiten lässt. Hier könnten Sie maximal den Schaft benutzen.
- Schwierig zu verarbeiten sind flauschige Socken mit Schlaufen im Inneren, da sich das Nähmaschinenfüßchen gerne darin verfängt.
- Ebenso kaum geeignet sind Socken mit nur einem großen Bild auf dem Schaft. Kleinere, durchgehende Muster lassen sich harmonischer verarbeiten.

Einfache Handstiche

Braucht man eine Nähmaschine?

Natürlich muss man nicht zwingend eine Nähmaschine besitzen, um Sockenstofftiere nähen zu können. Einige der Anleitungen können Sie auch mit ein paar einfachen Handstichen nähen. Bei den meisten Sockentieren ersparen Sie jedoch einiges an Zeit, wenn Sie mit der Maschine nähen können. Dafür genügen eine normale Nähseide und der einfache Geradstich. Wer es besonders reißfest haben möchte, kann auch ein spezielles Garn im Handarbeitsgeschäft erstehen und einen Elastikstich verwenden.

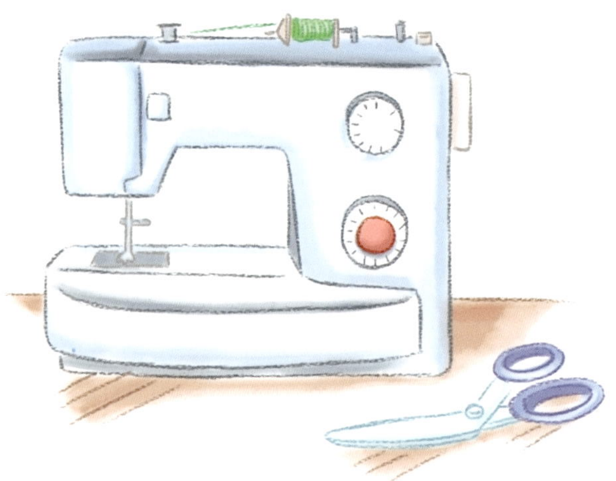

Was bedeuten die Begriffe „rechts“ und „links“?

In den Nähanleitungen kommen immer wieder die Begriffe „rechts“ und „links“ vor.
Als rechte Seite bezeichnet man die Außenseite eines Kleidungsstückes, mit der linken Seite hingegen ist die Innenseite gemeint.

Heftstich

Der Heftstich eignet sich sehr gut, um Öffnungen zu schließen oder den Hals zu definieren. Es wird einfach auf- und abgestochen, am Ende kann man am Faden ziehen und so die Gliedmaßen zuziehen.
Den Faden gut verknoten, mit der Nadel ein Stück weiter vorne ein- und von rückwärts wieder ausstechen.

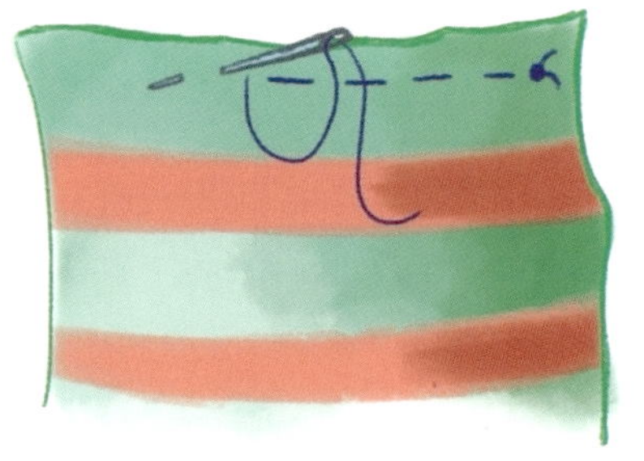

Leiterstich/Matratzenstich

Der Leiter- oder Matratzenstich wird verwendet, um die Gliedmaßen aneinanderzunähen oder auch, um Wendeöffnungen zu schließen.
Die umgebogenen Kanten nebeneinanderlegen. Gut verknoteten Faden rückwärtig durchziehen. Den Faden über die Nadel legen und abwechselnd links nach rechts und rechts nach links durchziehen.

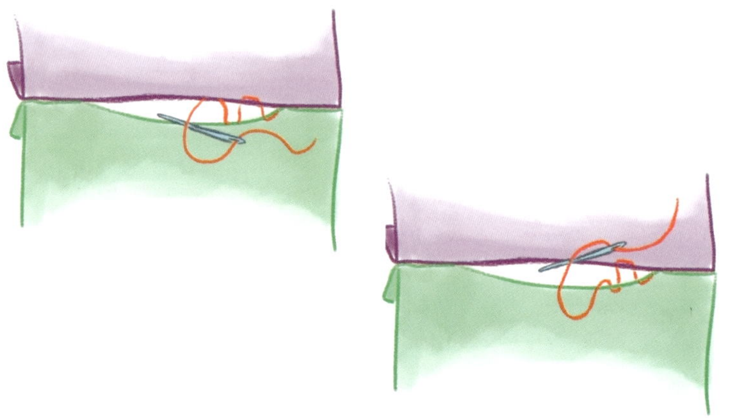

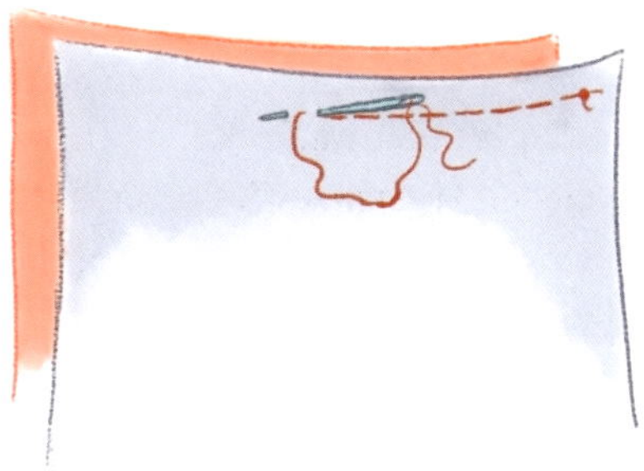

Rückwärtsstich

Mit diesem Stich können Sie zwei Stofflagen zusammennähen, und er ersetzt praktischerweise die Nähmaschine. Den Faden gut verknoten, durch beide Stofflagen stechen und nach einem kurzen Stück weiter vorne wieder ausstechen.

Knopflochstich (Abb. links)

Der Knopflochstich dient dazu, Materialien außen anzunähen, welche nicht fransen. So z. B. Filz (für Augen, Füße oder Bäuche).
Wichtig: Immer von unten nach oben stechen und dabei den Faden hinter die Nadelspitze legen.

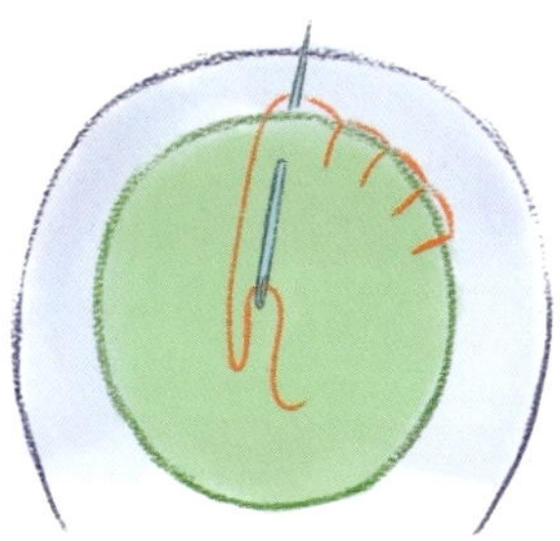

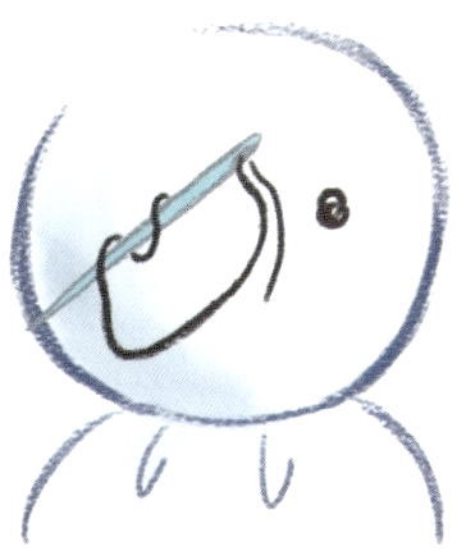

Knötchenstich (Abb. rechts)

Der Knötchenstich eignet sich hervorragend für die Herstellung von Augen, Nasenlöchern usw. Er erfordert ein klein wenig Übung, ist aber sehr vielseitig anwendbar. Von unten einstechen, Faden zwei- bis dreimal um die Nadel wickeln. Danach knapp neben der Ausstichstelle wieder einstechen. Wie groß das Knötchen werden soll, richtet sich danach, wie oft der Faden um die Nadel gewickelt wird.

Tipps und Tricks

Sie können es bestimmt kaum erwarten, loszulegen um aus Ihren gesammelten Socken niedliche Figuren zu nähen. Doch bevor Sie fröhlich beginnen, möchte ich Ihnen einige Tipps mit auf den Bastelweg geben, welche ich mir während der Arbeit an diesem Buch für Sie notiert hatte.

TIPP 1:

Schnittmuster anpassen!

Die Schnittmuster in diesem Buch entsprechen großteils Erwachsenen- bzw. größeren Kindersocken. Da Sie aber völlig unterschiedlich große Socken verwenden können, empfiehlt es sich, die Schnittmustergröße an Ihre Materialien anzupassen. Vergrößern oder verkleinern Sie sie dafür einfach um einige Zentimeter, falls nötig.

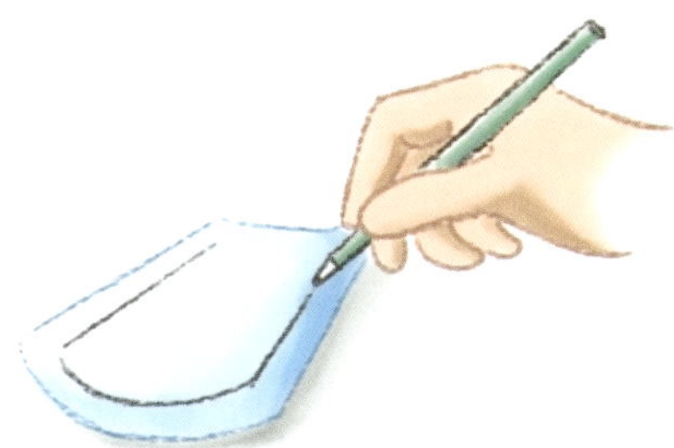

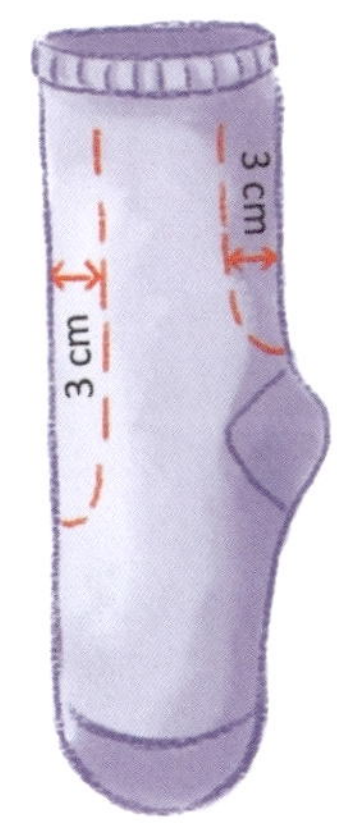

Arme und Beine werden immer im Bug genäht, dabei hat sich fast immer eine Breite von 3 cm als sehr harmonisch erwiesen.

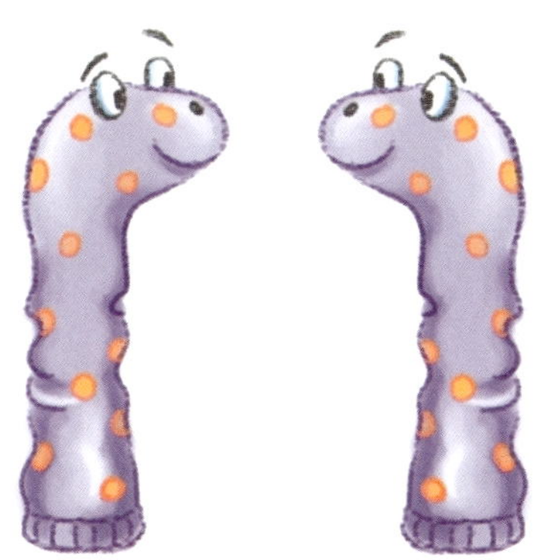

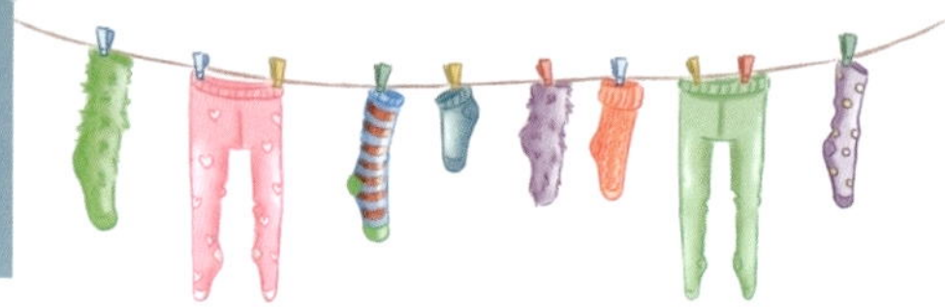

TIPP 2:
Zuerst nähen, dann ausschneiden!

Wenn Sie die Socken oder Sockenteile rechts auf rechts zusammenstecken, empfiehlt es sich, sie zuerst an der gewünschten Linie zusammenzunähen und danach erst auszuschneiden.

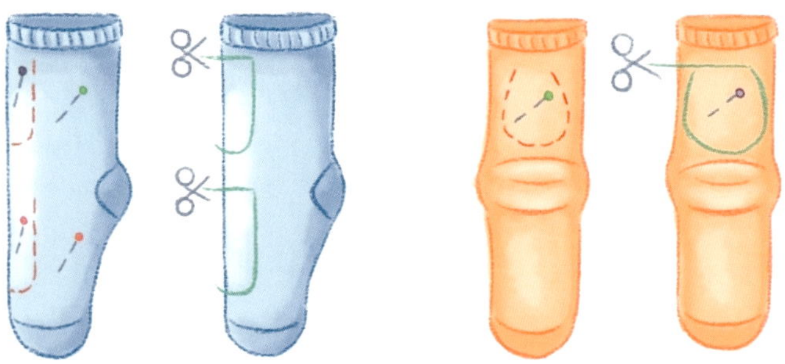

Wenden Sie die gewünschte Socke beispielsweise auf links, steppen im Bug die gewünschten Gliedmaßen mit der Nähmaschine ab und schneiden anschließend alles mit einer Nahtzugabe aus. Wobei die obere Kante immer als Wendeöffnung dient.
Auf diese Art verrutschen die beiden Sockenteile beim Nähen nicht, und Sie ersparen sich viel Ärger.

TIPP 3:
Gliedmaßen zuerst anstecken!

Die Gliedmaßen werden nach dem Nähen auf rechts gewendet, mit Füllwatte ausgestopft und anschließend mit dem Leiterstich an den Körper genäht.

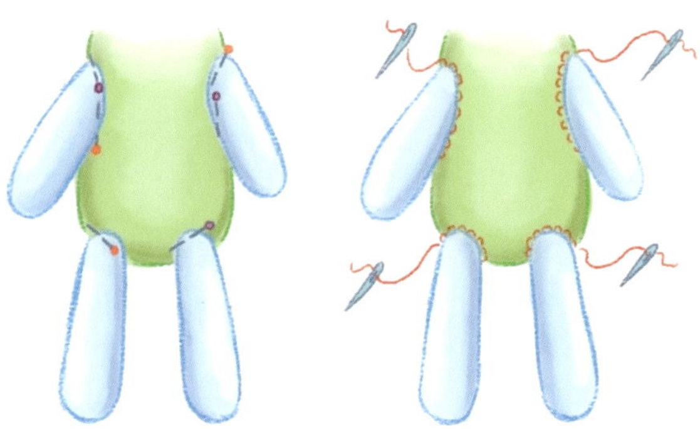

Stopfen Sie vorerst die Schnittkante nach innen und fixieren Sie sie mit Stecknadeln am Körper. Dabei können Sie sich das Stofftier schon vorstellen, formen oder notfalls auch noch etwas ändern. Bei einigen Stofftieren sieht es auch nett aus, wenn Sie in der Achsel eine größere Schnittkante einbiegen als in der Schulter, sodass die Arme schön nach unten hängen. Nähen Sie die Gliedmaßen immer rundum an.

TIPP 4:
Ohrfalten

Kleine Ohrfalten geben den Stofftieren oft ein niedliches Aussehen. Formen Sie die sogenannten Kellerfalten beim Anstecken und stecken Sie sie dann fest. Mit dem Leiterstich nähen Sie vor und nach der Falte die Ohren an.

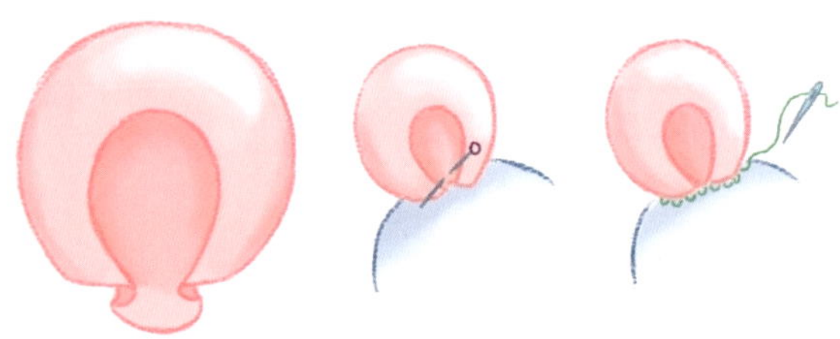

TIPP 5:
Knoten versenken

Für das Handnähen empfiehlt sich das reißfeste Knopflochgarn. Für den Knoten das Ende des Fadens einmal umbiegen, einen Knoten binden und die Schlaufe abschneiden.

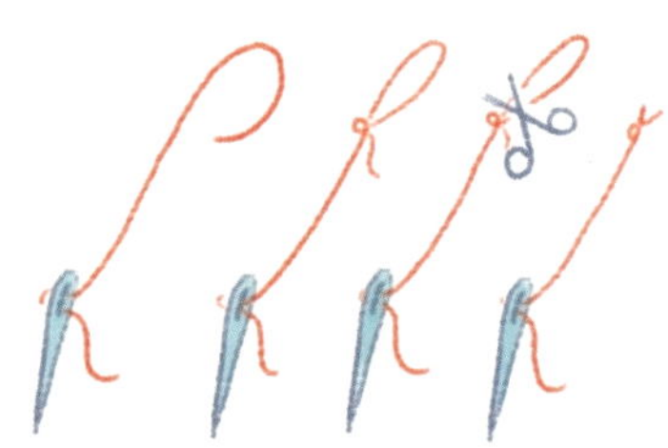

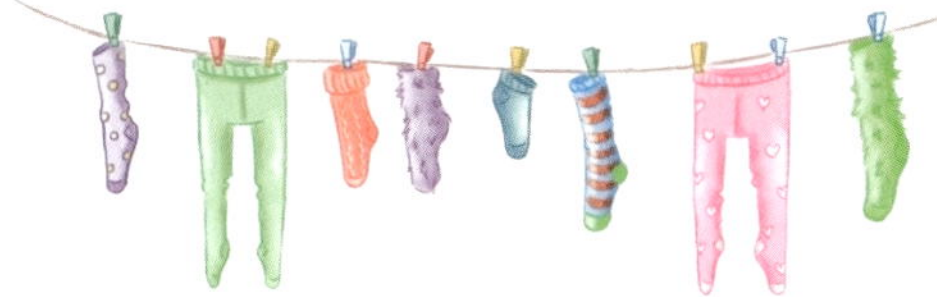

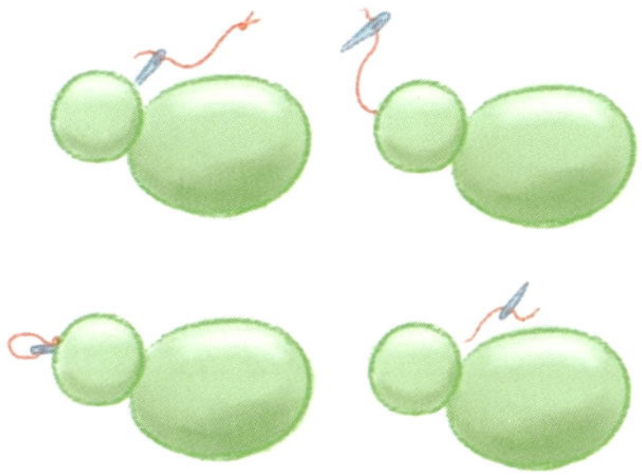

Versenken Sie den Knoten, indem Sie mit der Nadel rückwärts ein- und an der gewünschten Nähstelle wieder ausstechen. Versenken Sie den Knoten mit sanftem Ziehen innerhalb der Füllwatte.
Wenn Sie fertig genäht haben, verknoten Sie den Faden, stechen sehr knapp neben dem Knoten ein und wieder rückwärts aus. Diesen Vorgang können Sie auch noch einmal wiederholen.

TIPP 6:

Kreise aus Alltagsgegenständen

Um schöne Kreise in der gewünschten Größe auszuschneiden, kann es sehr hilfreich sein, sich nach passenden Haushaltsgegenständen oder Nähzubehör umzusehen. Beispielsweise ergeben die Durchmesser von Knopflochgarn und Fingerhut nette Augen.

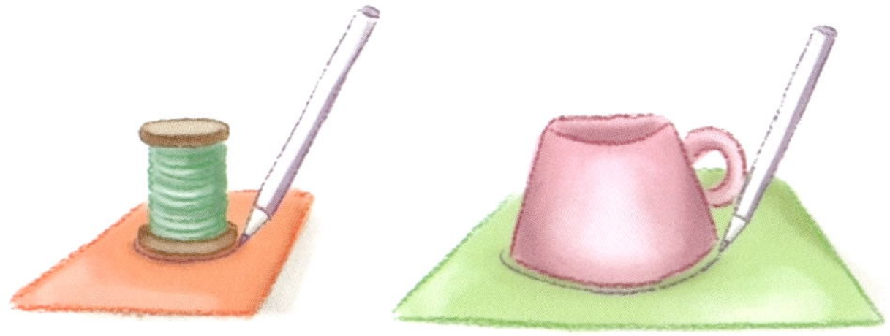

Für größere Kreise stülpen Sie einfach eine passende Tasse auf die Socke oder den Filz, umranden sie mit dem Trickmarker, und schon haben Sie im Nu einen passenden Kreis.

TIPP 7:

Vorsicht beim Auftrennen!

Der schnellere und wohl auch schönere Weg, die Stofftiere zu nähen, ist, wenn man die Gliedmaßen mit der Nähmaschine absteppt. Dafür genügt im Normalfall farblich passende Nähseide und ein durchschnittlicher Steppstich. Sollte keine Nähmaschine vorhanden sein, können Sie natürlich auch per Hand mit dem Rückwärtsstich nähen.
Einmal falsch Genähtes wieder aufzutrennen, gestaltet sich jedoch leider als sehr schwierig, da dabei nur allzu leicht ein Loch im Socken entstehen kann. Viel Ärger erspart man sich also, wenn man im Falle, dass etwas nicht so gelingt, einfach improvisiert und beispielsweise eine Gliedmaße aus einer andersfarbigen Socke an das Stofftier näht.

TIPP 8:

Sammeln, sammeln, sammeln!

Besondere Freude macht es, eine richtige Krimskrams-Bastelkiste zur Verfügung zu haben und dann zu schauen, was man aus den Materialien basteln kann. Dafür meinen 8. Tipp: Sammeln Sie alle Sockenreste in einer Schachtel zusammen. Sie sind sehr nützlich für kleinere Ohren, Nasen etc.
Auch kleinere Filzstücke, Knöpfe von ausgemusterten Blusen, Bänder und kurze Chenilledrähte können gesammelt werden.

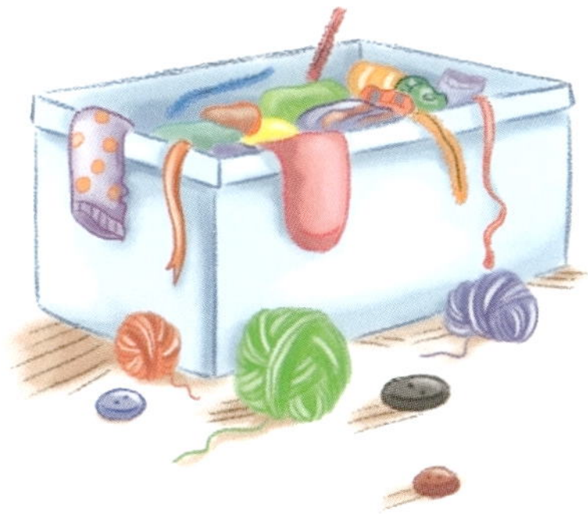

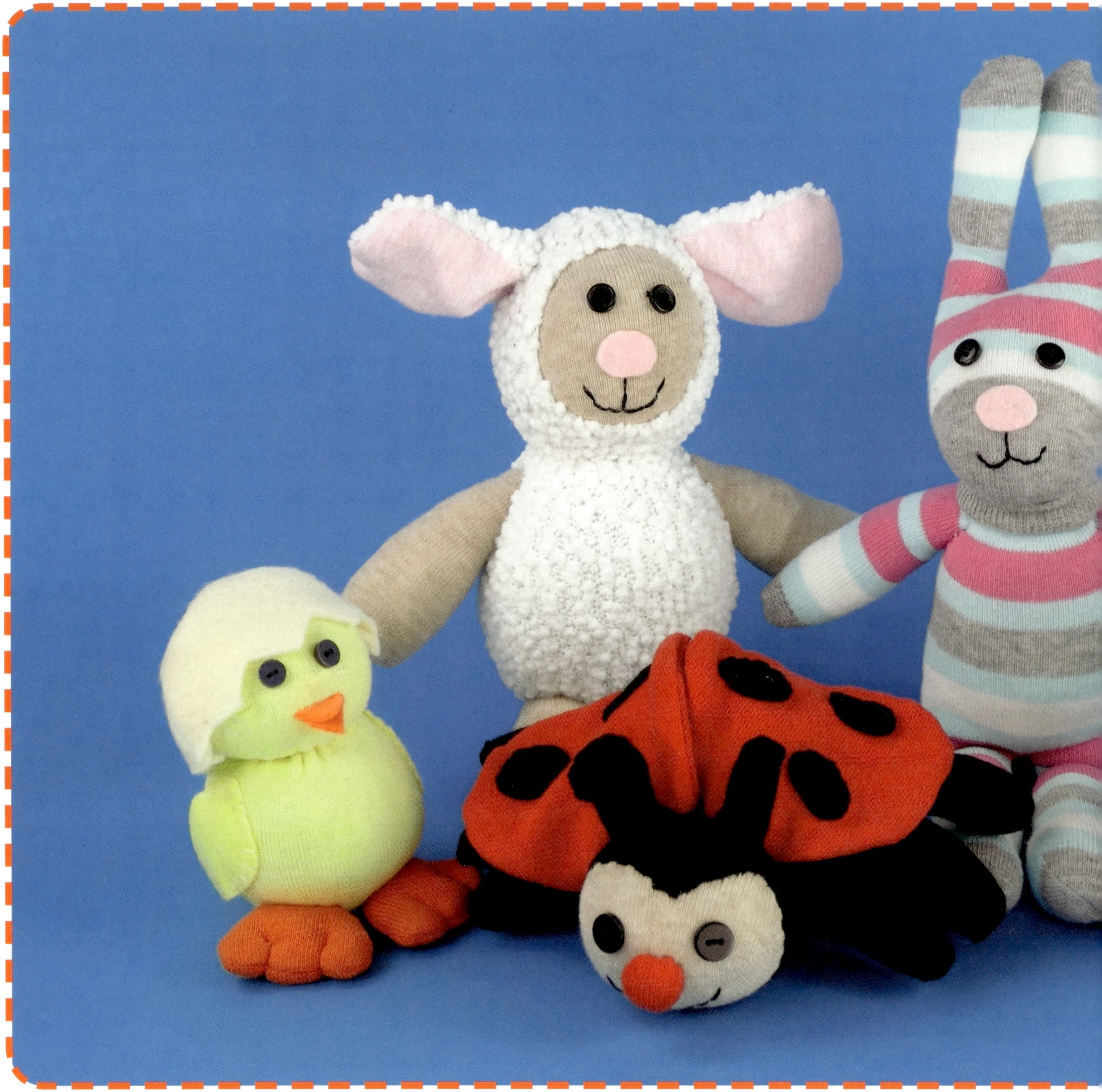

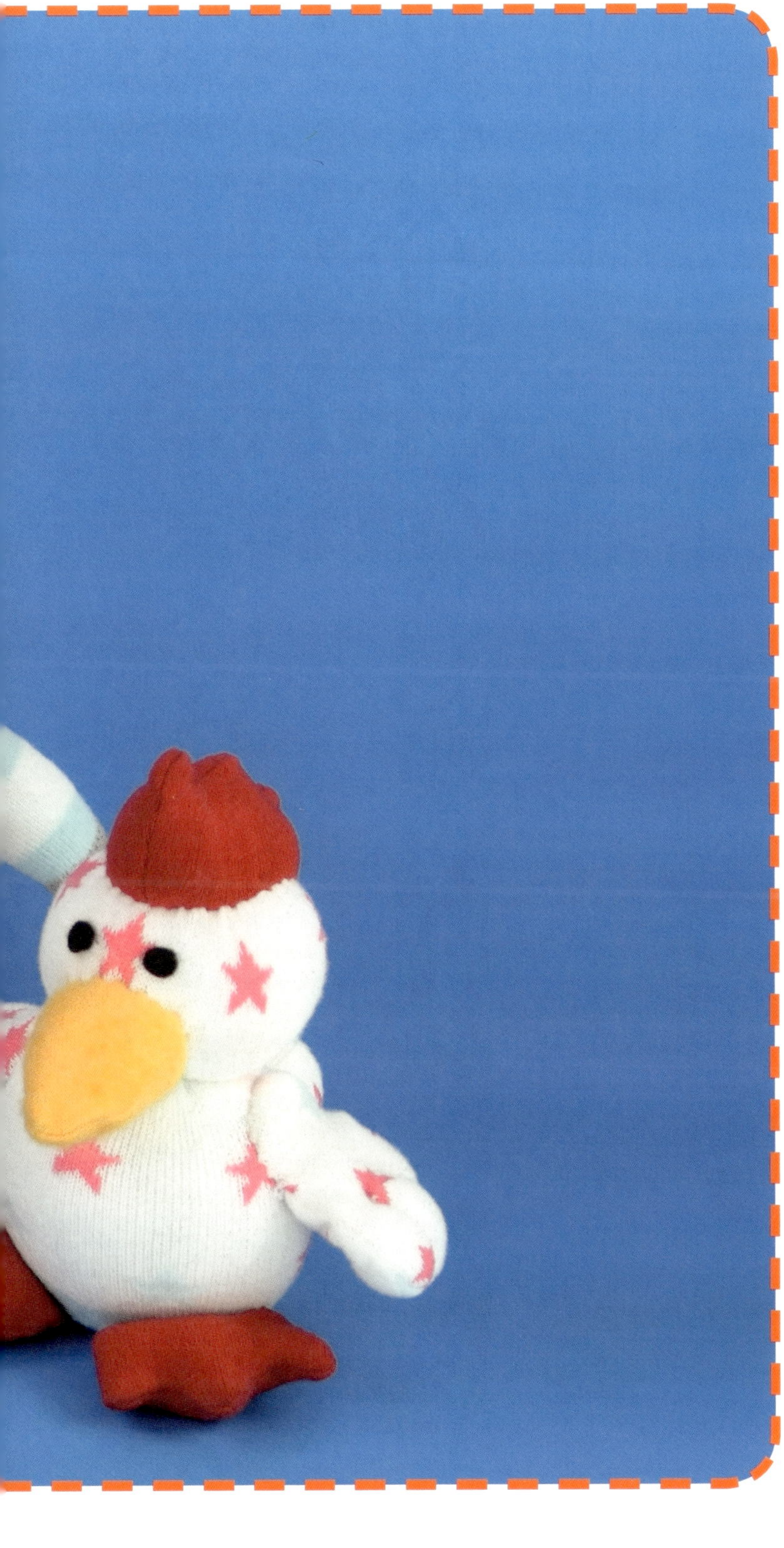

Frühling

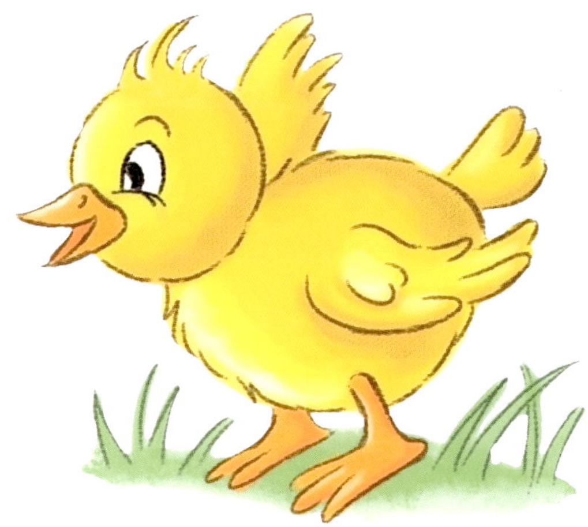

Bunte Hasen

Schwierigkeitsgrad 2

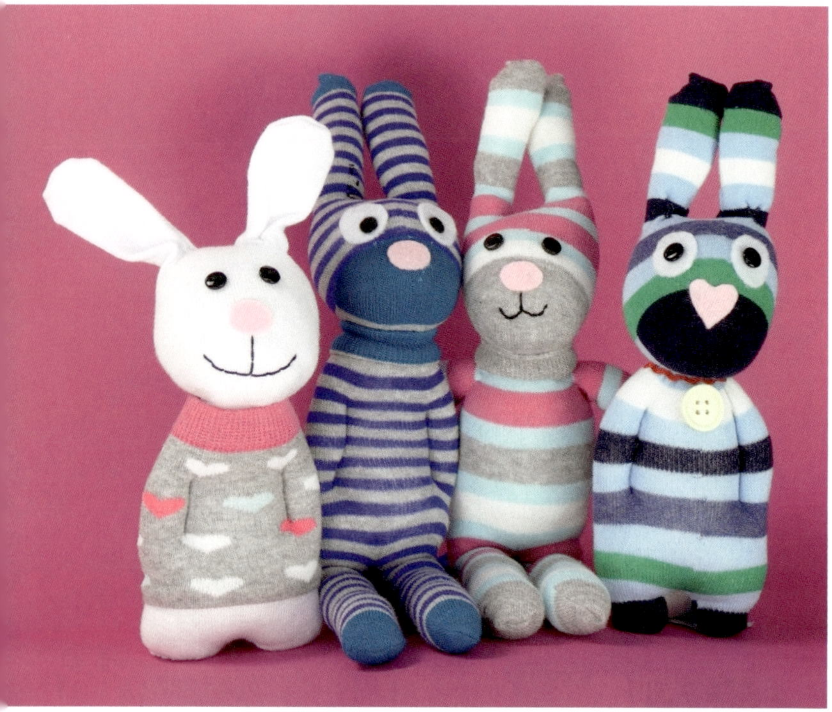

So wird's gemacht:

Abb. 1 Wenden Sie den gewünschten Socken für den Hasen auf links. Legen Sie ihn so vor sich hin, dass die Ferse flach vor Ihnen liegt. Nun zeichnen Sie mit dem Trickmarker von der Zehenspitze aus die Konturen der Ohren und nähen entlang dieser Linie. Danach trennen Sie mit der Schere die Ohren, wenden den Socken auf rechts und füllen Kopf und Ohren mit Füllwatte.

1

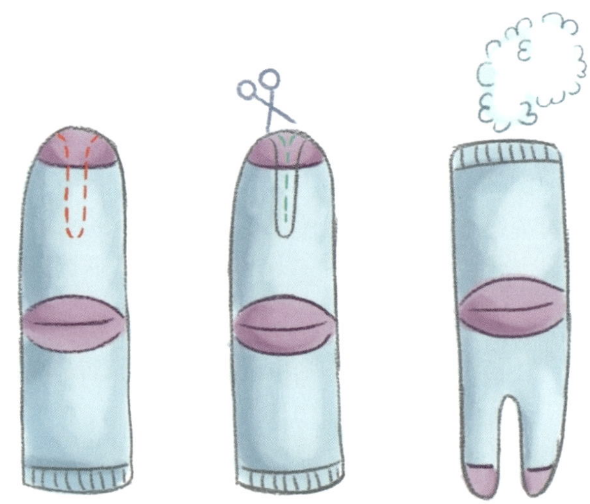

Wenn Sie möchten, dass die Ohren herunterhängen, füllen Sie nur wenig bis gar keine Watte ein.

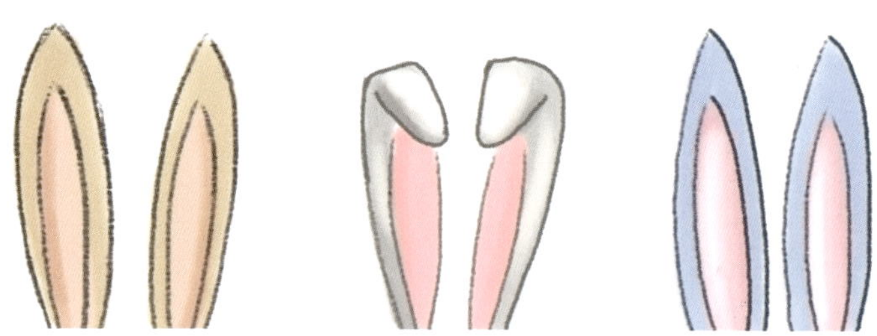

Das wird gebraucht

- Ein bis zwei Socken für den Körper
- Helle Socken(reste) für den Hasenschwanz
- Festes Garn in passender Farbe
- Schwarze Knöpfe oder schwarzer (und weißer) Filz
- Rosa Filz
- Textilkleber
- Trickmarker
- Füllwatte
- Falls gewünscht: Schwarzes Stickgarn für den Mund
- Schnittmuster auf Seite 17

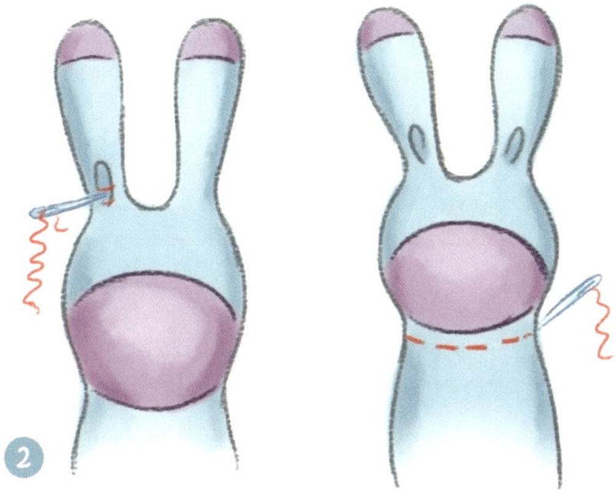

2

Abb. 2 Nach Belieben können Sie bei den Ohren mit dem Leiterstich die Ohrfalte nähen. Dafür die Ohren zusammendrücken und mit ein paar Stichen die Falte nähen. Danach den Kopf gut füllen und bei der Halslinie einen Heftstich einziehen, einige Male umwickeln und gut verknoten.

Abb. 3 Den Körper mit Füllwatte gut ausstopfen. Unten beim Bündchen mittig etwa 1,5 cm für die Beine einschneiden und mit dem Leiterstich schließen. Dafür jeweils ca. 5 mm von der Schnittkante entfernt einstechen.

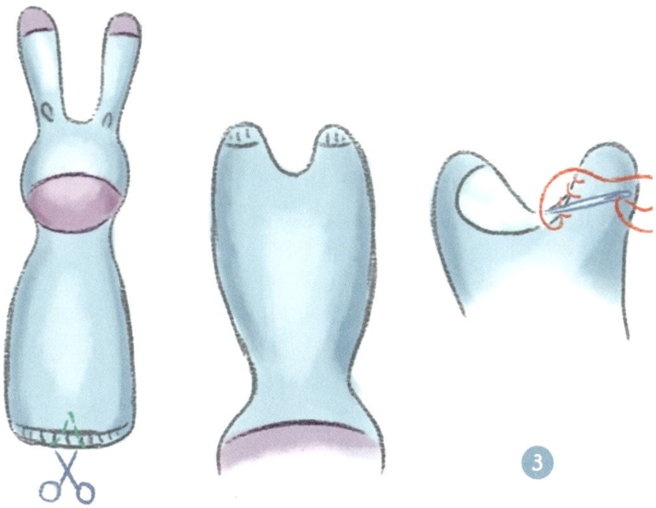

3

Abb. 4 Nun können Sie die „eingesteckten" Arme nähen. Diese mit den Fingern formen und mit Stecknadeln fixieren. Danach ein festes Garn in eine Nadel einfädeln und jeweils zwischen Rücken und Bauch mit dem Rückwärtsstich die Armlinie nähen.

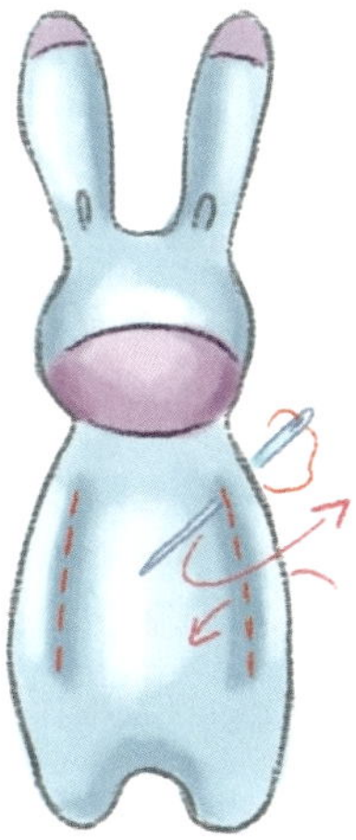

4

Abb. 5 Zum Schluss schneiden Sie das Schwänzchen aus einem beliebigen Socken zu. Etwa 7 mm vom Rand entfernt einen Heftstich einziehen und den Kreis zusammenziehen. Mit Watte füllen, die Schnittkante hineinstopfen und mit dem Leiterstich rückwärtig an den Hasen nähen. Nähen Sie das Schwänzchen weit unten an, damit der Hase von alleine stehen kann.

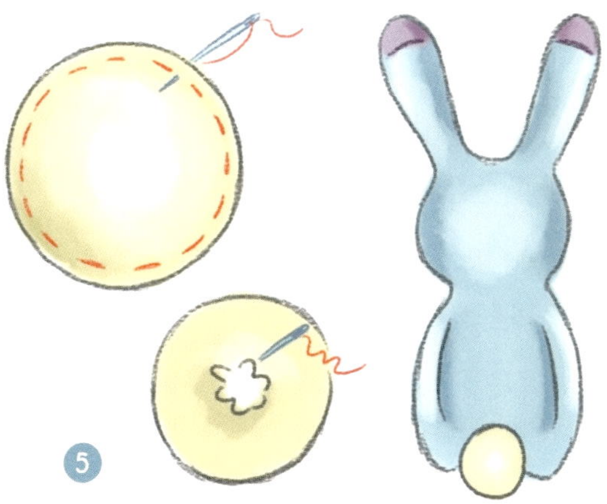

5

Abb. 6 Sie können Ihre Hasengesichter nach Belieben verzieren: Knöpfe als Augen aufnähen, Filz für die Nase ankleben. Sie können Ihrem Hasen einen Pullover anziehen. Dafür vor Schritt 4 eine zweite Socke abschneiden und dem Hasen überziehen. Den Mund können Sie zuvor mit einem Trickmarker anzeichnen und danach mit Rückwärtsstichen aufsticken.

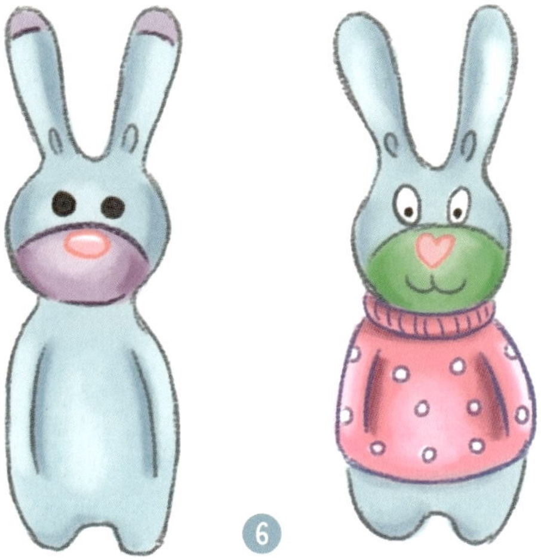

6

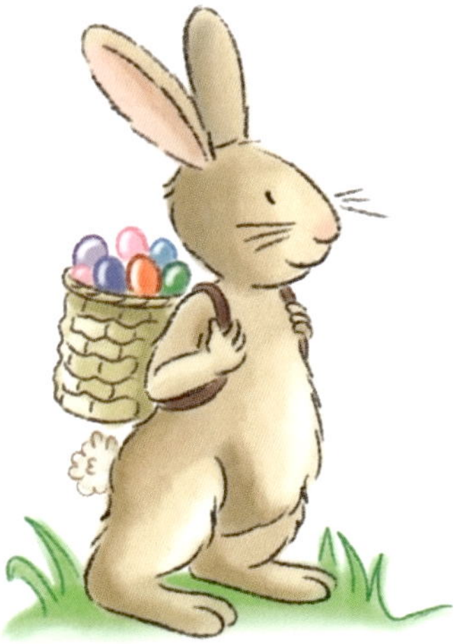

Hase mit Beinen

Abb. 7 Wiederholen Sie Schritt 1 – schneiden Sie jedoch den Socken ca.1,5 cm unterhalb der Ferse ab.

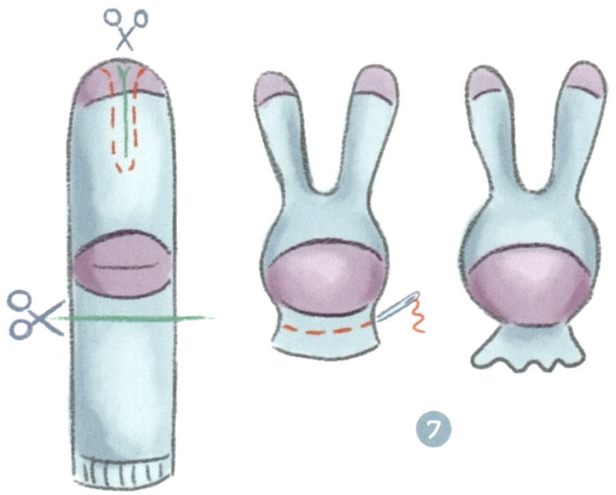

7

Abb. 8 Den zweiten Socken auf links wenden, so zusammenfalten, dass Sie die Ferse abnähen können. Danach schneiden Sie sie bis auf eine Nahtzugabe zurück.
Von der Zehenspitze aus mit einem Trickmarker die Beine einzeichnen, der Linie entlang nähen und mittig durchschneiden. Eventuell müssen Sie den Oberkörper etwas kürzen. Auf rechts wenden, gut füllen und mit dem Leiterstich an den Kopf nähen. Dabei die Schnittkanten nach innen biegen. Wie bei Schritt 4 die eingesteckten Arme nähen.

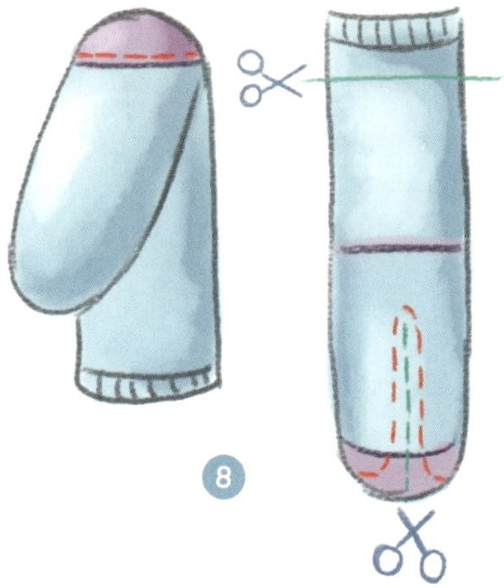

8

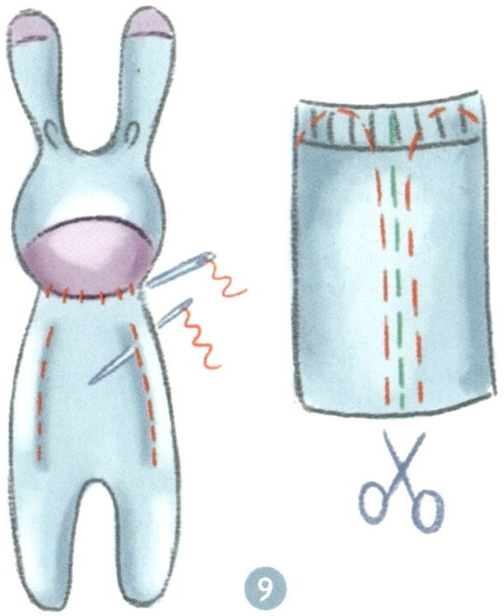

Abb. 9 Wenn Sie einen Hasen mit Armen nähen möchten, den verbliebenen Sockenrest auf links wenden und die Arme anzeichnen. Der Linie entlang nähen, durchschneiden, wenden, füllen und mit dem Leiterstich an den Körper nähen. Dabei die Schnittkante nach innen biegen.

Abb. 10 Die Hasen fertigstellen oder variieren, wie in Schritt 5 und 6 beschrieben.

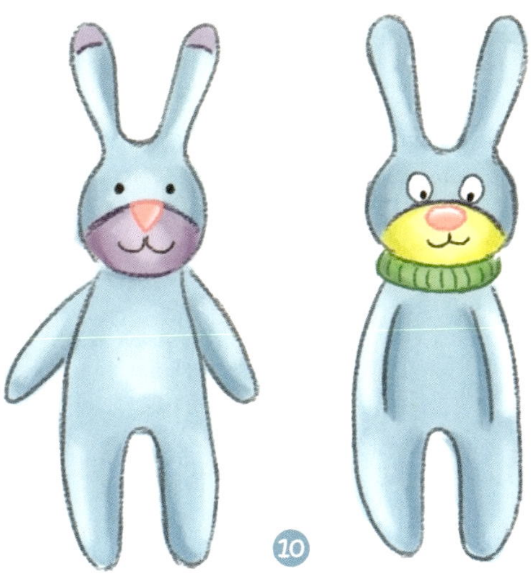

Schnittmuster Hasen

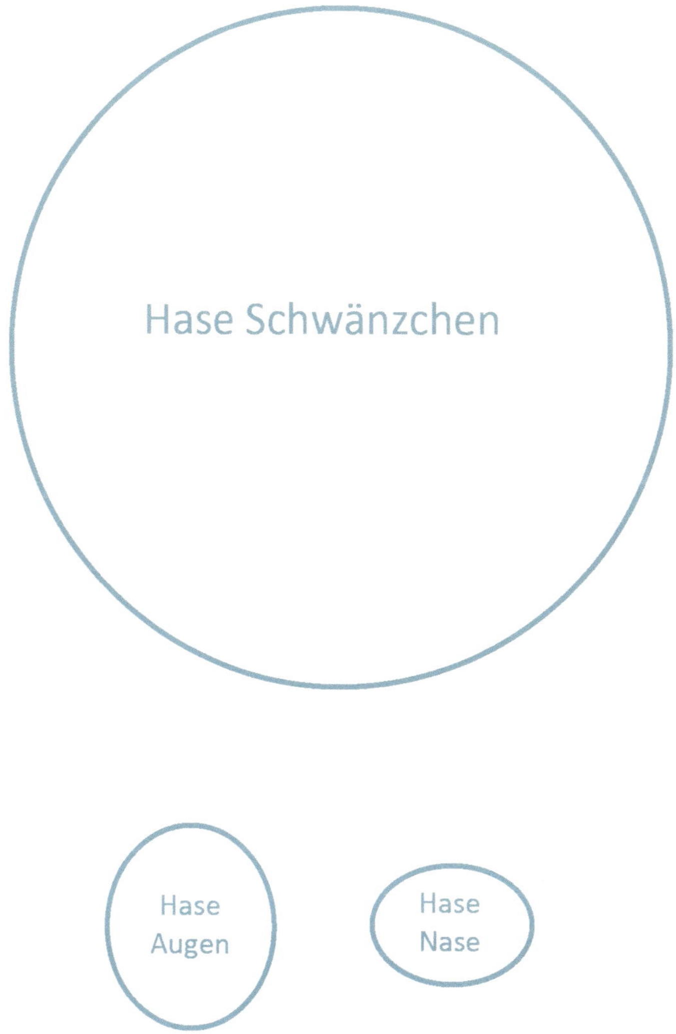

Süße Küken

Schwierigkeitsgrad 1

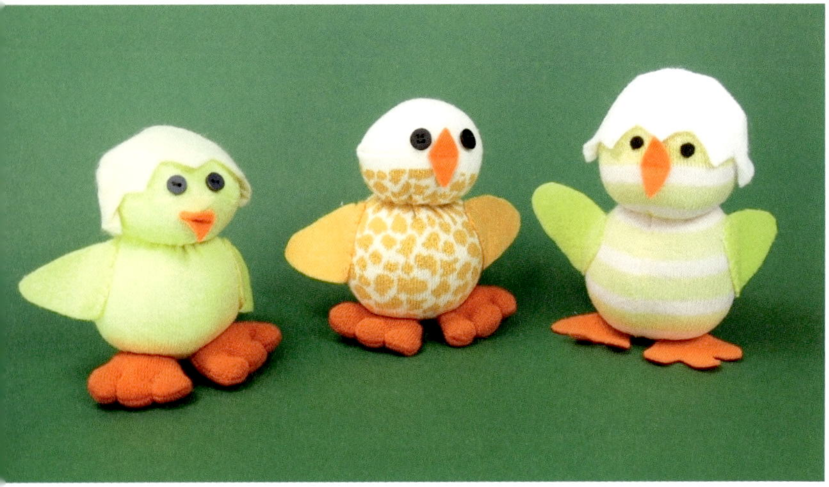

So wird's gemacht:

Abb. 1 Schneiden Sie die gewünschte Socke für den Körper oberhalb der Ferse ab. Den Oberteil anschließend mit Watte füllen, einen Heftstich nähen und fest zusammenziehen. Die Schnittkante stopfen Sie hinein und schließen von außen mit dem Leiterstich.

Abb. 2 An der Halslinie einen Heftstich nähen, zusammenziehen, ein paar Mal umwickeln und gut verknoten. Die Flügel aus Filz zuschneiden und vorne mit dem Knopflochstich annähen.
Zwei kleine, schwarze Knöpfe als Augen annähen oder schwarze Filzkreise mit dem Textilkleber anbringen.

Das wird gebraucht

- Eine gelbe Socke für den Körper (auch Kurzsocken möglich)
- Festes Garn in passender Farbe
- Schwarze Knöpfe oder schwarzer Filz
- Orangefarbener Filz oder orange Sockenreste
- Weißer Filz für die Eierschalen
- Füllwatte
- Textilkleber
- Trickmarker
- Schnittmuster auf Seite 20

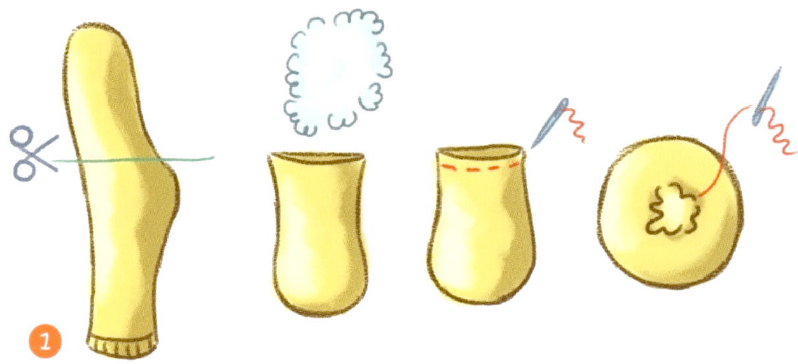

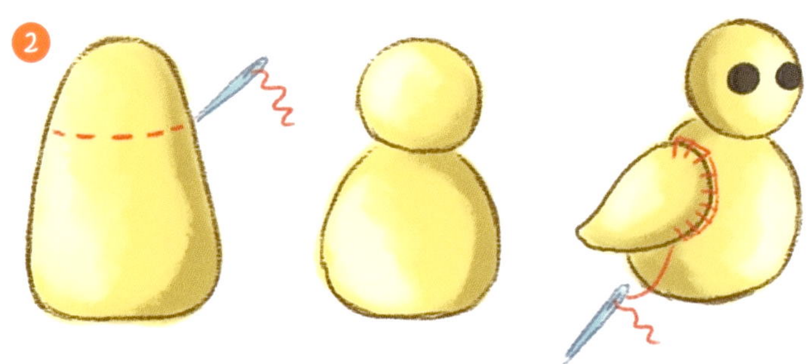

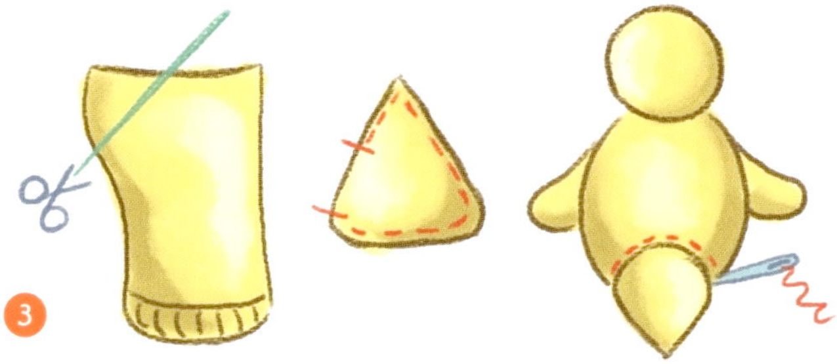

3

Abb. 3 Nun an der Ferse schräg ein Stück abschneiden. Rechts auf rechts zusammennähen, dabei eine Wendeöffnung offen lassen. Wenden, mit Watte füllen und die Öffnung mit dem Leiterstich schließen. Dabei die Nahtzugabe nach innen stülpen. Anschließend den Bürzel rückwärtig an das Küken nähen.

Abb. 4 Die Beine können Sie entweder aus orangefarbenen Socken oder aber aus Filz nähen. Für die Sockenbeine schneiden Sie diese doppellagig zu, nähen rechts auf rechts rundum und lassen dabei eine Wendeöffnung. Mit Watte füllen, mit dem Leiterstich schließen und mit ein paar Stichen die Zehen einnähen. Zuletzt die Beine an das Küken nähen.
Sie können auch die Beine aus Filz zuschneiden und mit dem Knopflochstich unten annähen.

5

Abb. 5 Den Schnabel aus Filz zuschneiden, mittig Textilkleber anbringen und an das Küken kleben. Die Eierschale doppelt zuschneiden und an der Rundung zusammennähen. Wenden und dem Küken an den Kopf setzen.

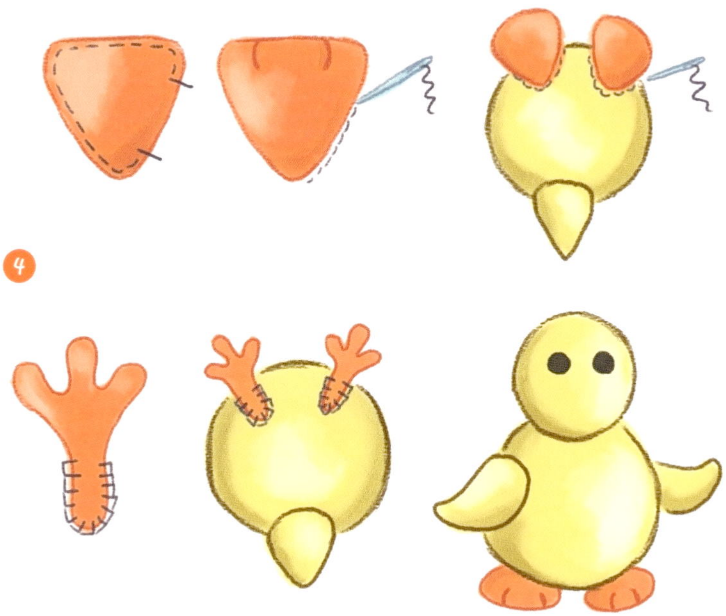

4

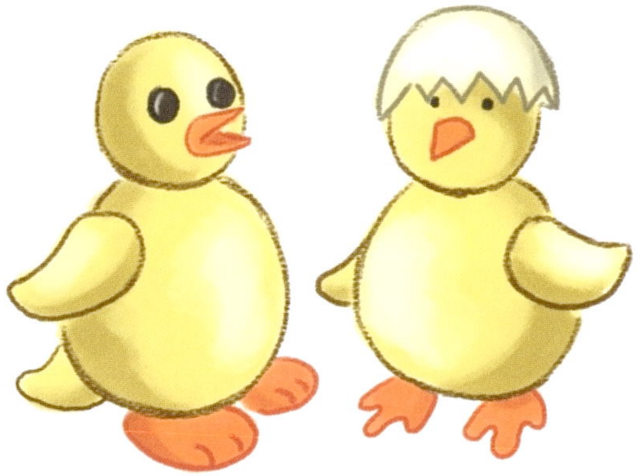

Schnittmuster Küken

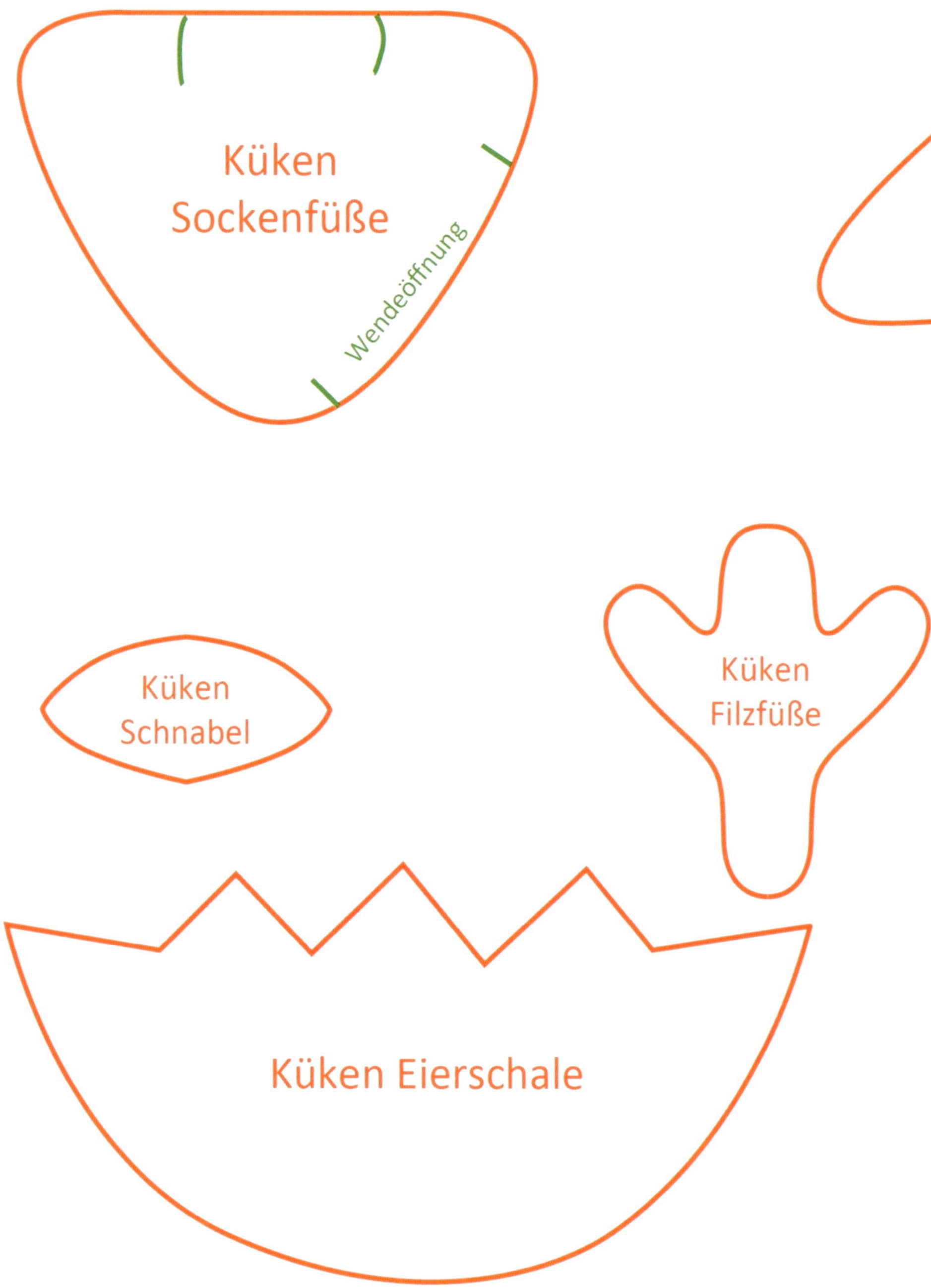

Gackernde Hühner

Schwierigkeitsgrad 2

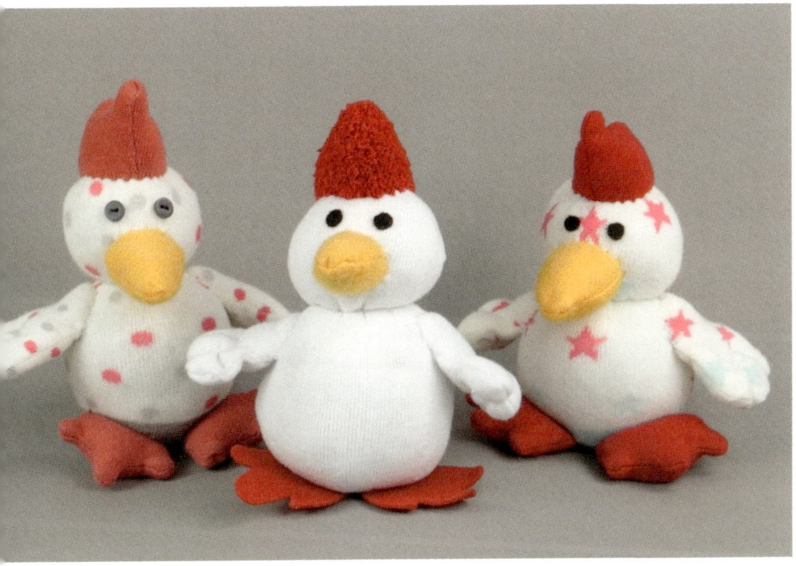

So wird's gemacht:

Abb. 1 Schneiden Sie die gewünschte Socke für den Körper oberhalb der Ferse ab. Den oberen Teil anschließend mit Watte füllen, einen Heftstich nähen und fest zusammenziehen. Die Schnittkante stopfen Sie hinein und schließen von außen mit dem Leiterstich.

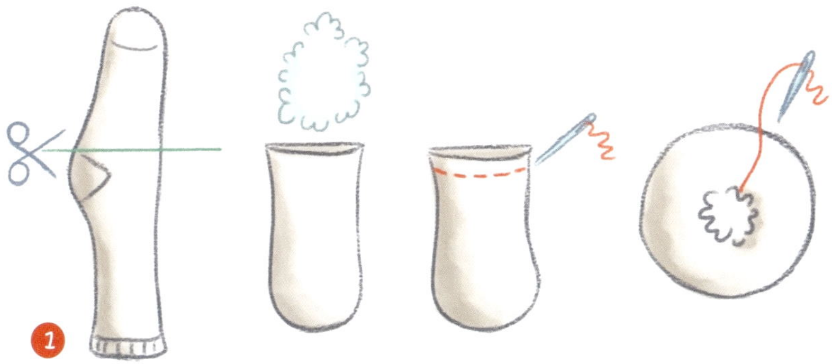

Abb. 2 An der Halslinie einen Heftstich nähen, zusammenziehen, ein paar Mal umwickeln und gut verknoten.

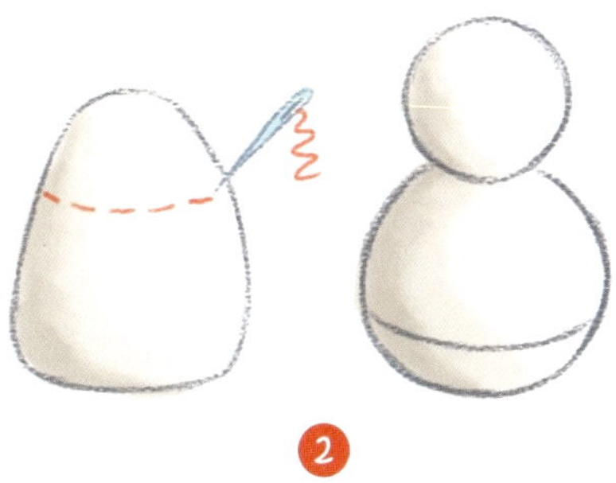

Das wird gebraucht

- Ein Paar weiße Socken
- Eine rote Socke
- Festes Garn in passender Farbe
- Schwarze Knöpfe oder schwarzer Filz
- Orangefarbener Filz für den Schnabel
- Füllwatte
- Textilkleber
- Trickmarker
- Schnittmuster auf Seite 23

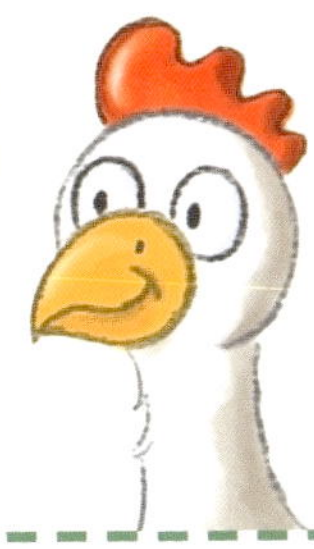

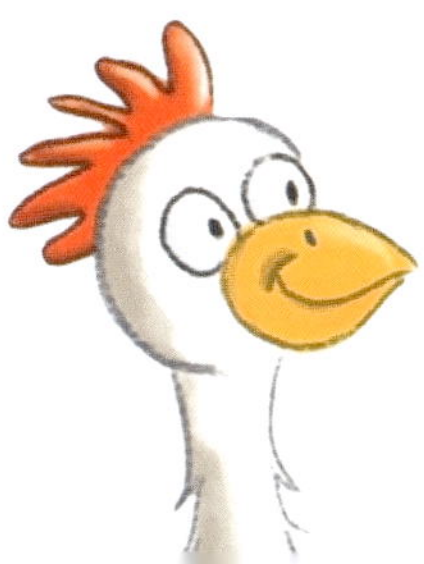

Abb. 3 Aus der restlichen Socke die Schwanzfeder zuschneiden. Rechts auf rechts zusammennähen, dabei die gerade Seite offen lassen. Wenden, füllen und mit dem Leiterstich an das Huhn nähen.

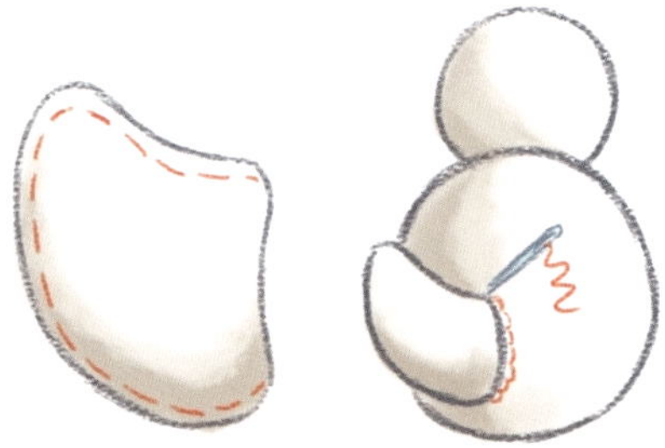

3

Abb. 4 Die Flügel schneiden Sie aus dem zweiten Socken doppellagig zu, nähen Sie rechts auf rechts zusammen und lassen dabei eine Wendeöffnung unbenäht. Nun die Flügel wenden, wenig füllen und die Öffnung mit dem Leiterstich schließen. Anschließend ein festes Garn gut verknoten, einige Male rückwärts ein- und vorwärts ausstechen, um die Federn zu formen.
Danach nähen Sie den oberen Teil der Flügel mit dem Leiterstich an den Körper.

4

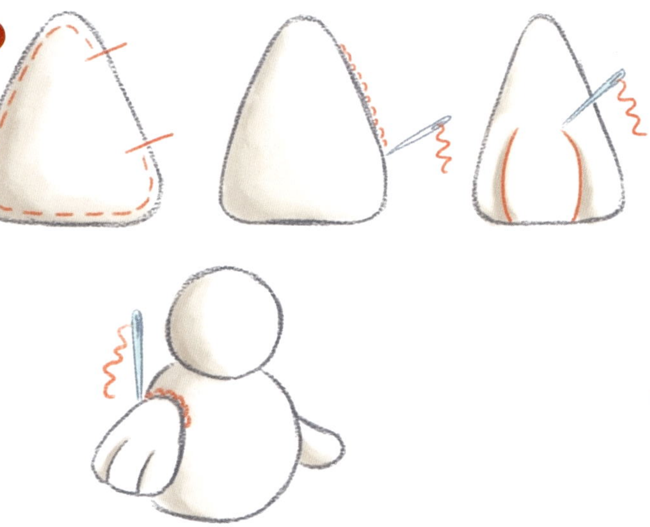

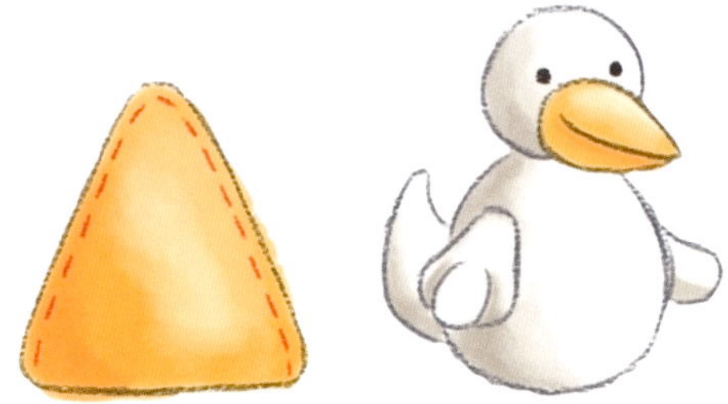

5

Abb. 5 Den Schnabel doppellagig aus Filz zuschneiden und laut Abbildung zusammennähen. Wenden, die offene Seite gut füllen und mit dem Leiterstich an den Kopf nähen. Dabei biegen Sie die Schnittkante nach innen.
Für die Augen nähen Sie entweder zwei schwarze Knöpfe an den Kopf, oder Sie kleben zwei schwarze Textilkreise an.

Abb. 6 Den Kamm aus einer roten Socke doppellagig zuschneiden. Rechts auf rechts zusammennähen, dabei die Unterseite offen lassen. Gut füllen und mit dem Leiterstich an den Kopf nähen. Dabei biegen Sie die Schnittkante nach innen.

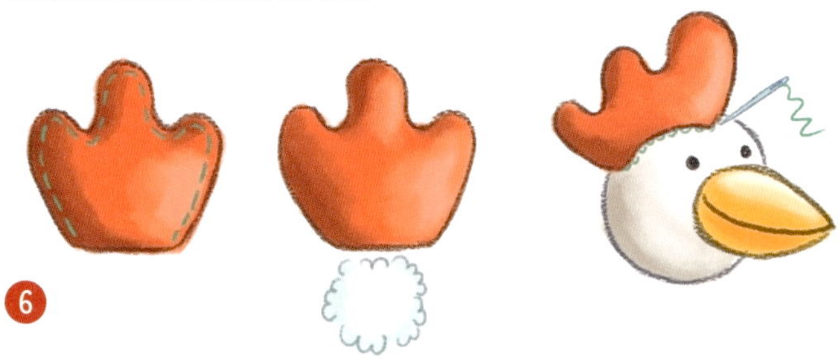

6

Abb. 7 Zuletzt nähen Sie die Füße. Diese können Sie aus der roten Socke nähen. Dafür jene doppellagig zuschneiden, rundum rechts auf rechts zusammennähen und dabei eine Wendeöffnung berücksichtigen. Wenden, füllen, die Wendeöffnung schließen und das hintere Drittel mit dem Leiterstich an das Huhn nähen.

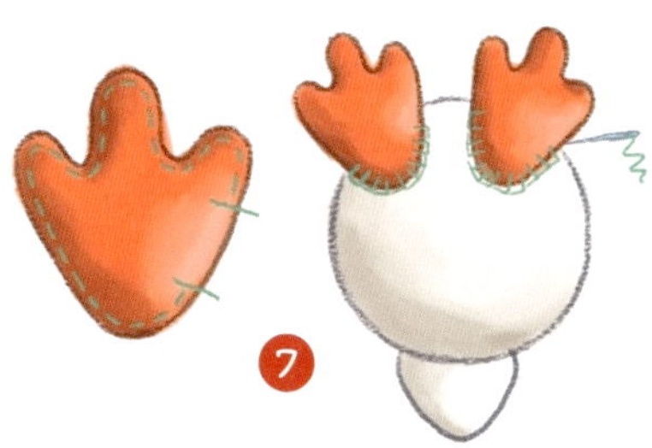

7

Alternativ können Sie die Füße auch einlagig aus Filz zuschneiden und den hinteren Teil mit dem Knopflochstich an das Huhn nähen.

Schnittmuster Hühner

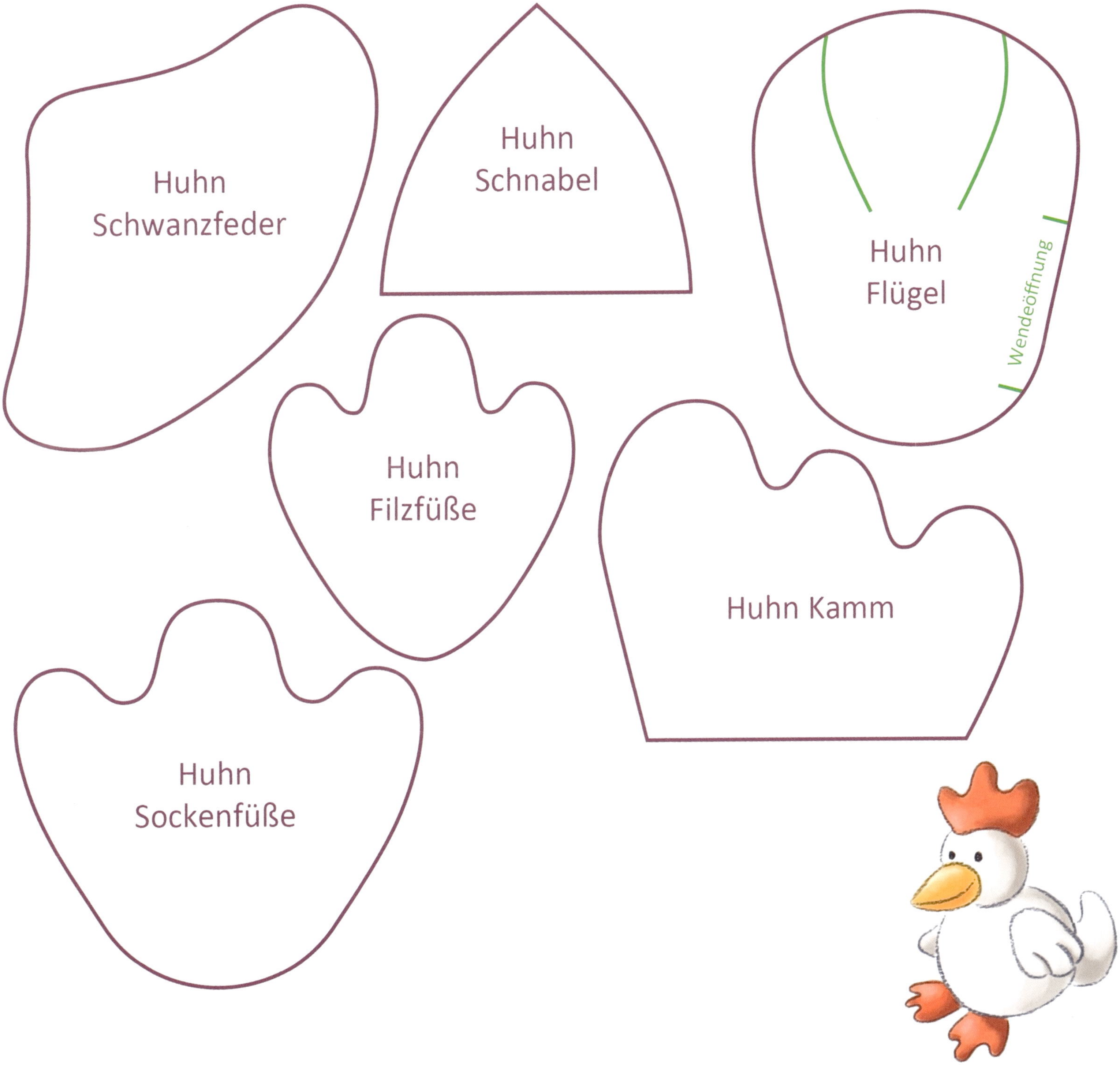

Kuschelige Lämmer

Schwierigkeitsgrad 3

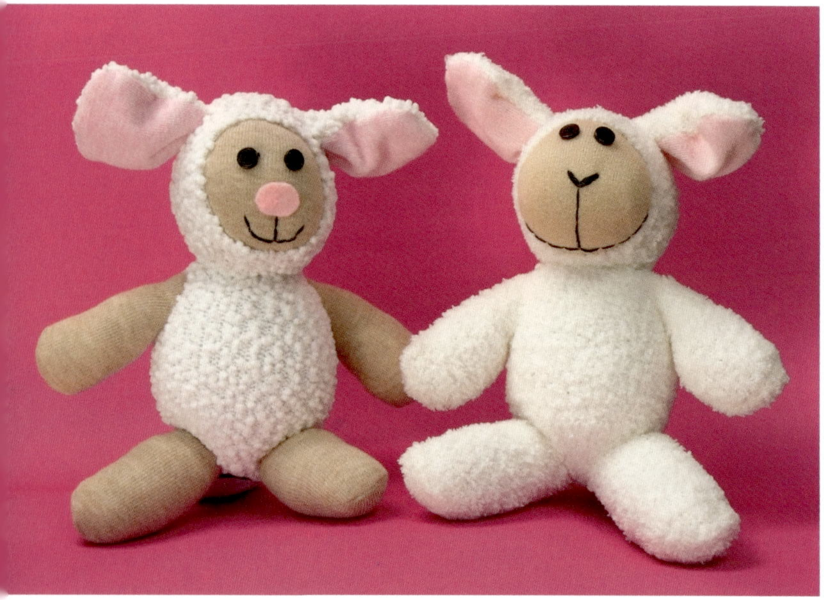

Das wird gebraucht

- Ein oder zwei beige Socke(n)
- Drei weiße Kuschelsocken
- Eine rosa Socke
- Festes Garn in passender Farbe
- Schwarze Knöpfe oder schwarzer Filz
- Schwarzes Stickgarn und/oder rosa Filz
- Füllwatte
- Textilkleber
- Trickmarker
- Schnittmuster auf Seite 25

So wird's gemacht:

Abb. 1 Schneiden Sie die gewünschte Socke für den Körper oberhalb der Ferse ab. Den oberen Teil anschließend mit Watte füllen, einen Heftstich nähen und fest zusammenziehen. Die Schnittkante stopfen Sie hinein und schließen von außen mit dem Leiterstich.

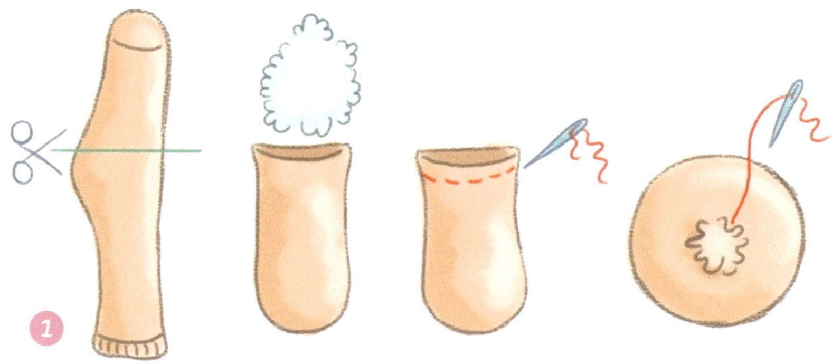
1

Abb. 2 Die weiße Kuschelsocke rückwärts über den Kopf stülpen und mit etwas Nahtzugabe abschneiden. Die zugeschnittene Socke wenden, rundum einen Heftstich einziehen, zusammenziehen, gut verknoten und wieder auf rechts drehen.

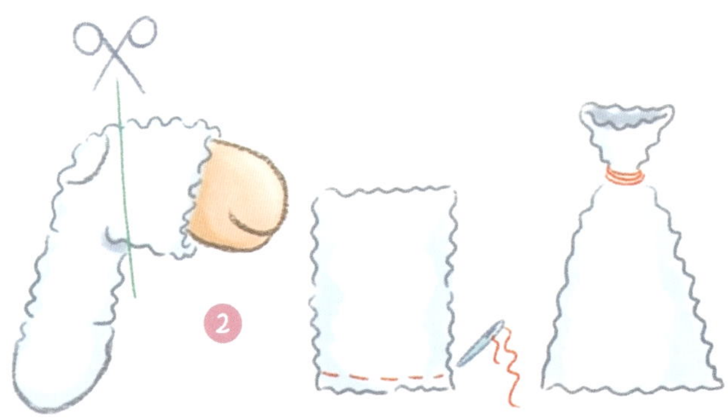
2

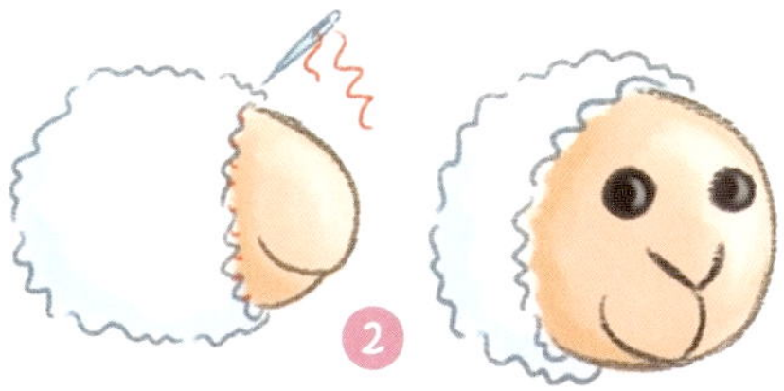

2

Stülpen Sie nun die weiße Socke über den beigen Kopf und nähen Sie sie vorne mit dem Leiterstich an. Dabei die Schnittkante nach innen biegen.
Das Gesicht gestalten Sie mithilfe eines schwarzen Stickgarns und zwei schwarzer Knöpfe. Die Nase kann auch aus rosa Filz zugeschnitten und angeklebt werden.

3

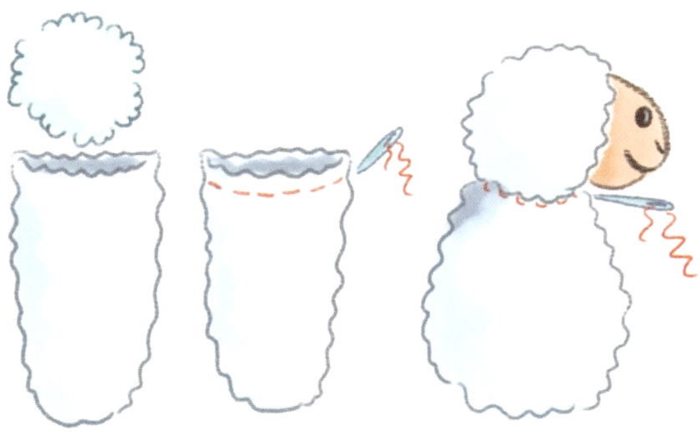

Abb. 3 Die zweite Socke unter der Ferse abschneiden, mit Füllwatte ausstopfen, einen Heftstich einziehen, gut zusammenziehen und verknoten. Den Körper nun mit dem Leiterstich an den Kopf nähen, dabei die Schnittkante nach innen biegen.

Abb. 4 Die Ohren laut Schnittmuster aus einer rosa und einer weißen Kuschelsocke zuschneiden. Rechts auf rechts jeweils ein weißes und ein rosa Ohr zusammennähen. An den gewünschten Stellen am Kopf feststecken und mit dem Leiterstich annähen. Dabei die Schnittkanten nach innen biegen und nach Wunsch eine Ohrfalte einnähen.

4

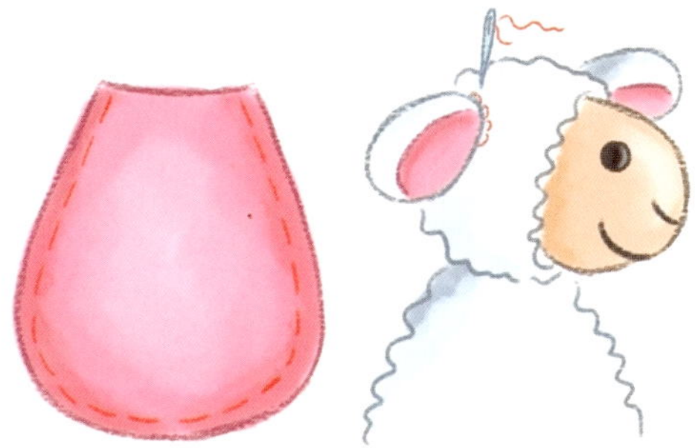

Schnittmuster Lämmer

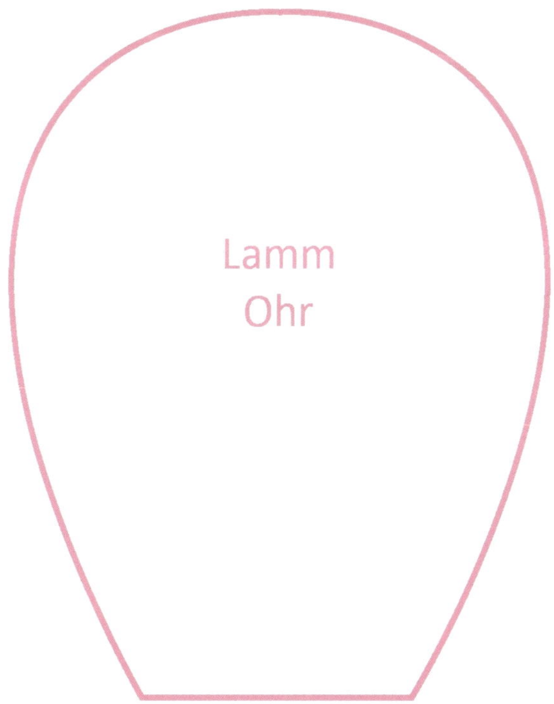

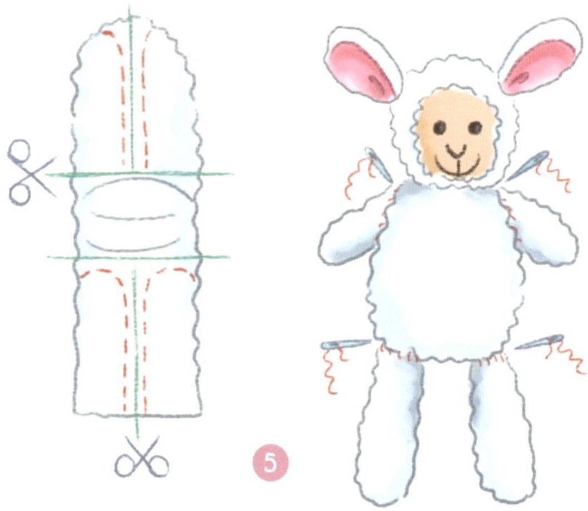

5

Abb. 5 Eine weitere Kuschelsocke oder aber eine beige Socke auf links wenden, Arme und Beine markieren und nähen. Danach schneiden Sie sie aus und wenden sie auf rechts. Mit Füllwatte ausstopfen und mit dem Leiterstich an den Körper nähen. Dabei die Schnittkanten nach innen biegen.

Abb. 6 Nun noch aus einer weißen Kuschelsocke das Schwänzchen rechts auf rechts nähen, ausschneiden und wenden. Mit Watte füllen und mit dem Leiterstich rückwärtig annähen. Dabei die Schnittkante nach innen stülpen.

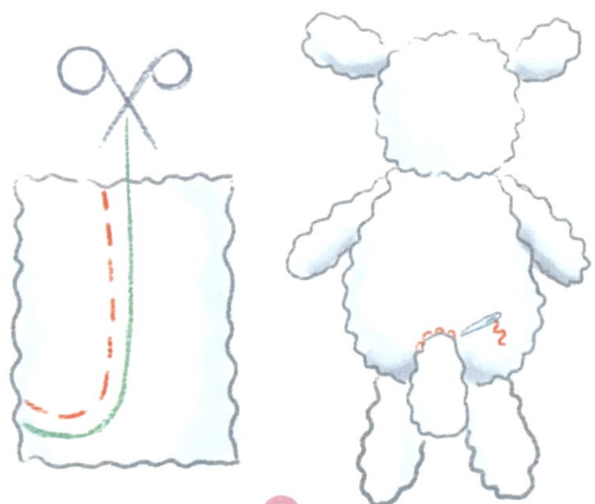

6

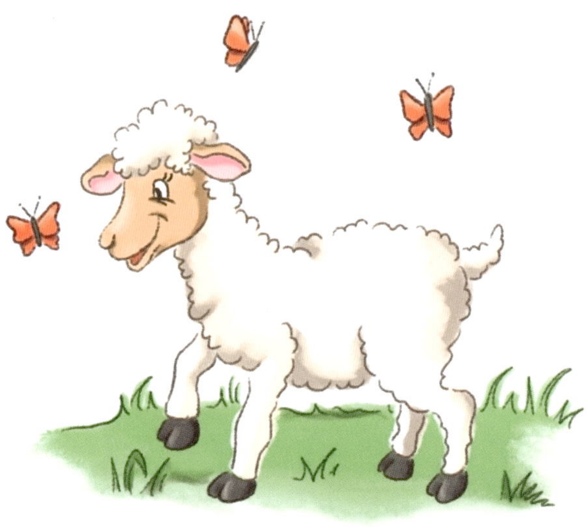

Zwitschernde Vögel

Schwierigkeitsgrad 1

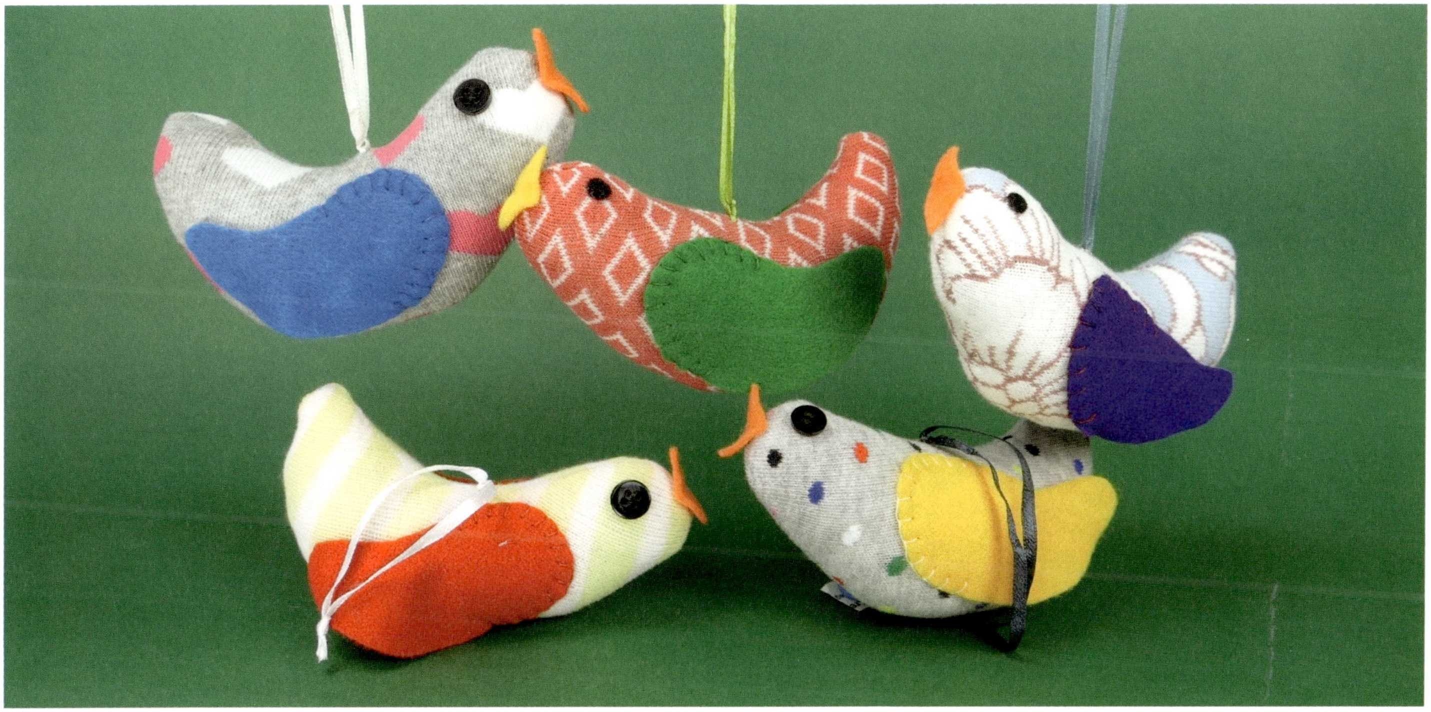

Das wird gebraucht

- Einen bunten Socken
- Filz für die Flügel
- Festes Garn in passender Farbe
- Zwei schwarze Knöpfe oder schwarzen Filz
- Orangen Filz
- Füllwatte
- Trickmarker
- Textilkleber
- Schnittmuster auf Seite 29

So wird's gemacht:

Abb. 1 Eine bunte Socke auf links wenden und das Schnittmuster für den Vogelkörper mit dem Trickmarker nachzeichnen. Zusammennähen und dabei eine Wendeöffnung unbenäht lassen. Schneiden Sie nun etwa 1 cm rund um den Körper aus.

1

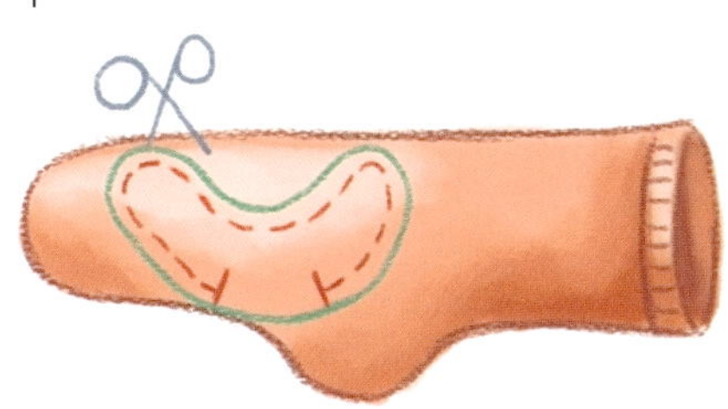

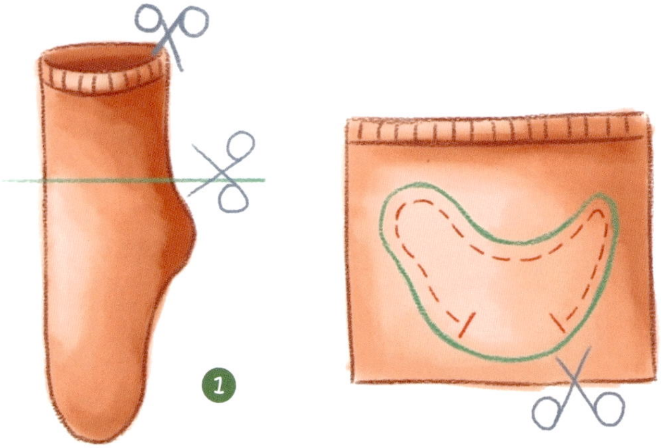

Alternativ können Sie auch ein Sockenpaar knapp oberhalb der Ferse ab- und der Länge nach aufschneiden. Legen Sie dann die beiden Teile rechts auf rechts aufeinander und nähen bzw. schneiden den Vogelkörper so zu.

Abb. 2 Den Vogel auf rechts wenden, mit Füllwatte ausstopfen und von außen mit dem Leiterstich schließen. Dabei die Schnittkante nach innen stülpen.

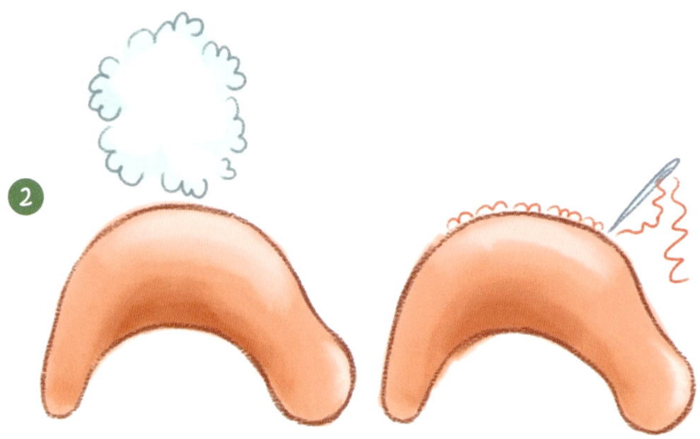

Abb. 3 Für die Augen können Sie zwei kleine schwarze Knöpfe annähen oder kleine Kreise aus Filz ausschneiden und mit Textilkleber ankleben. Schneiden Sie dann Flügel und Schnabel aus Filz zu. Die Flügel nähen Sie entlang der großen Rundung mit dem Knopflochstich an. Am Schnabel mittig etwas Textilkleber anbringen und den Schnabel an den Kopf kleben.

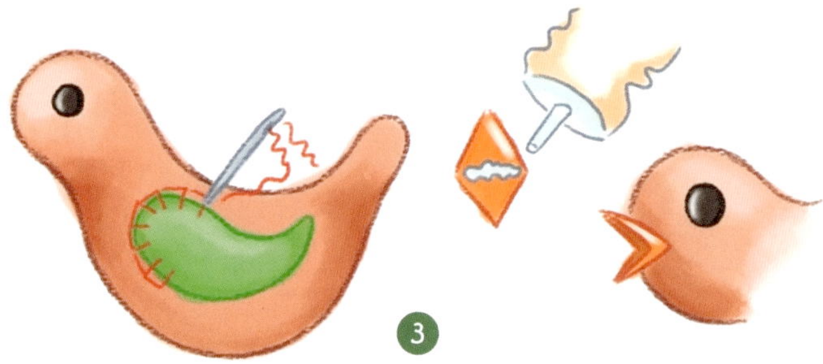

Abb. 4 Zum Schluss knoten Sie dünne Bänder oder Fäden an den Körper, um die kleinen Vögel aufhängen zu können.

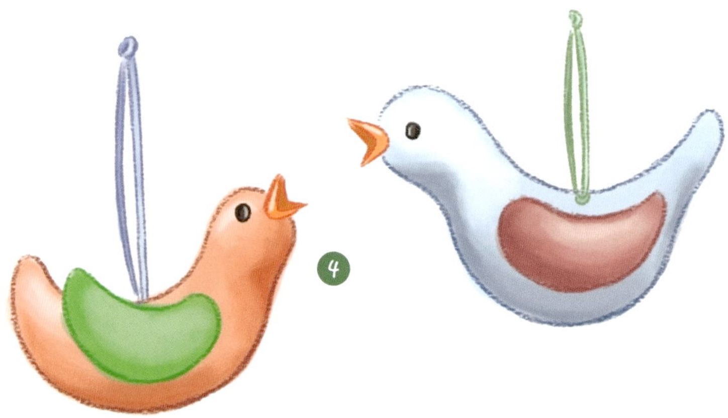

Schnittmuster Vögel

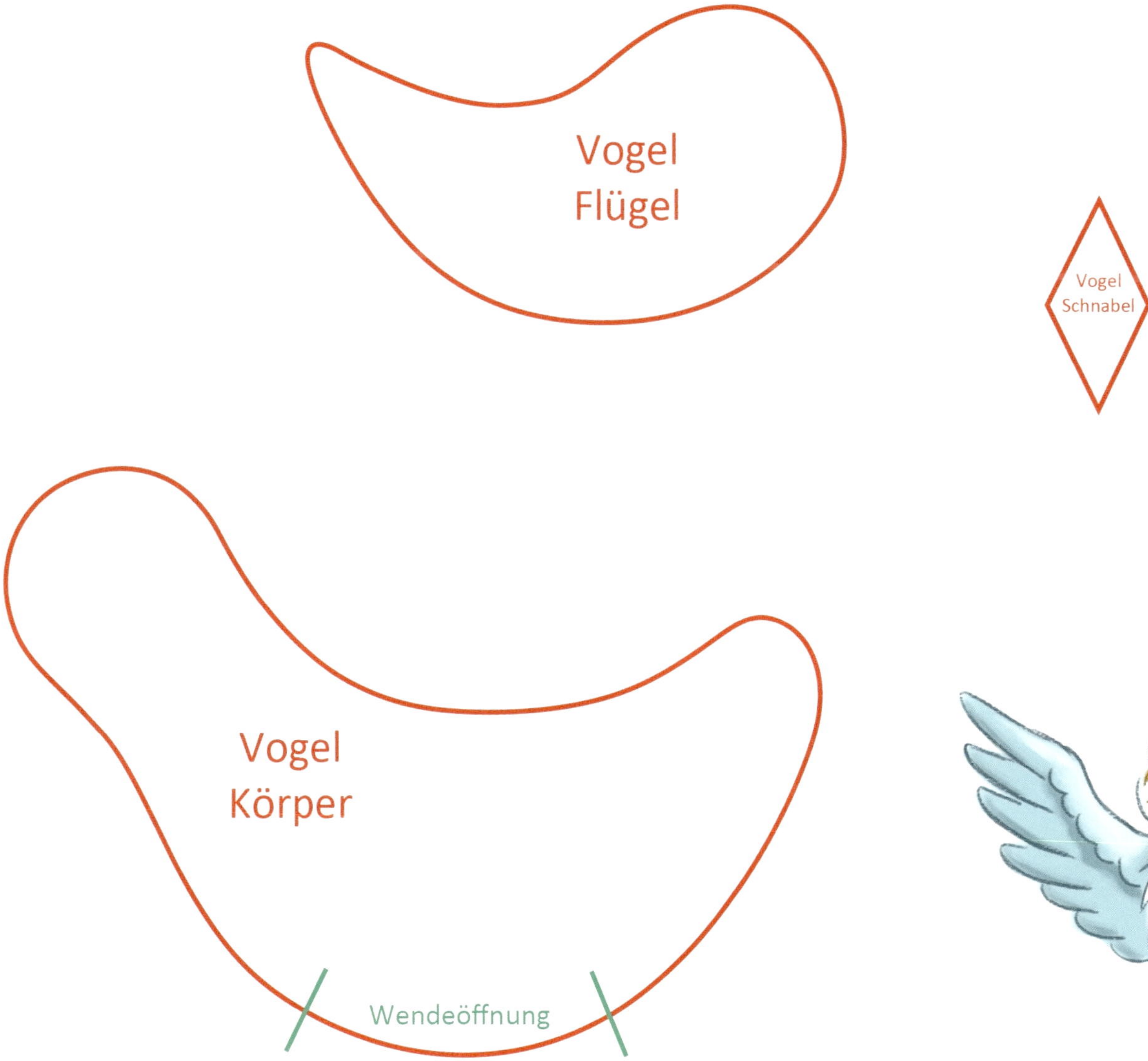

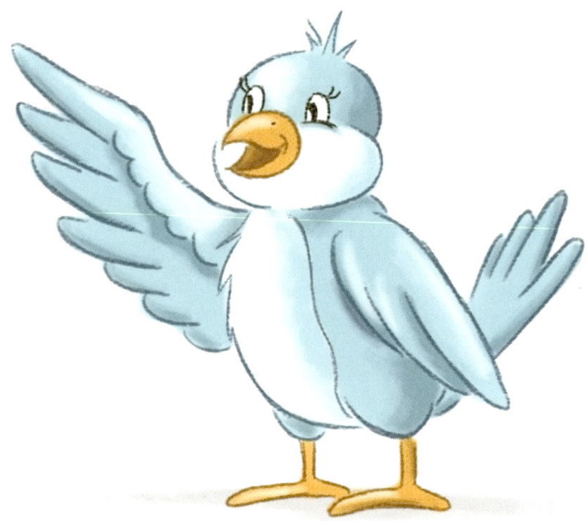

Niedliche Marienkäfer

Schwierigkeitsgrad 3

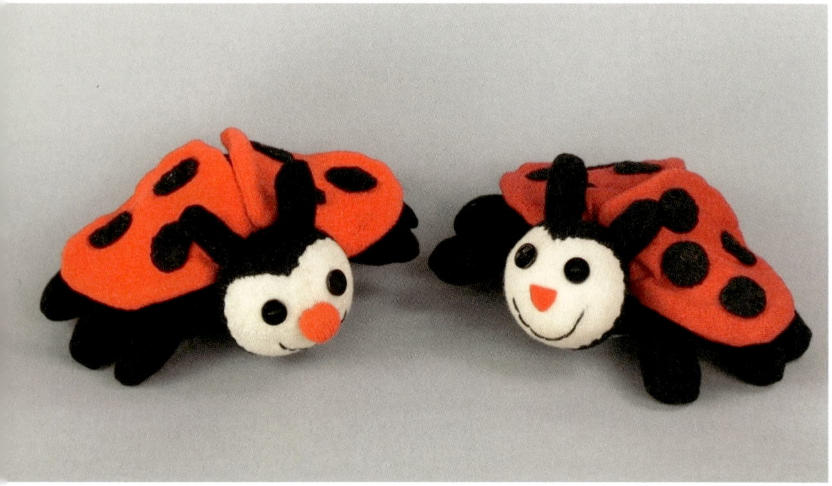

So wird's gemacht:

Abb.1 Die beige Socke unterhalb der Ferse abschneiden. Das Zehenteil gut mit Füllwatte ausstopfen und unterhalb der Schnittkante einen Heftstich nähen. Gut zusammenziehen und mit dem Leiterstich von außen schließen. Dabei biegen Sie die Schnittkante nach innen.

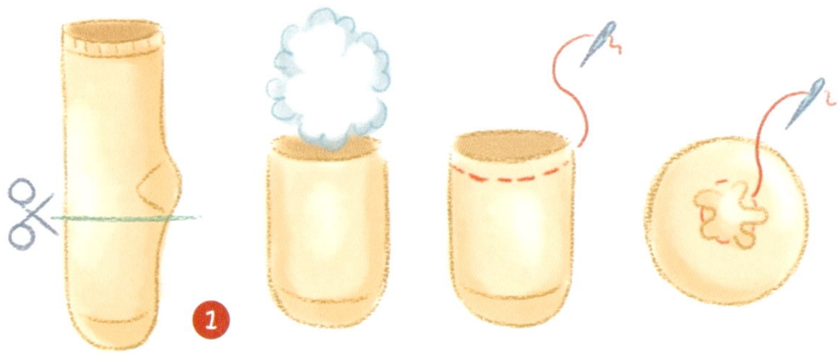

Anschließend formen Sie mit den Händen den Kopf, nähen an der gedachten Halslinie einen Heftstich und ziehen diesen gut zusammen. Einige Male umwickeln und gut verknoten.

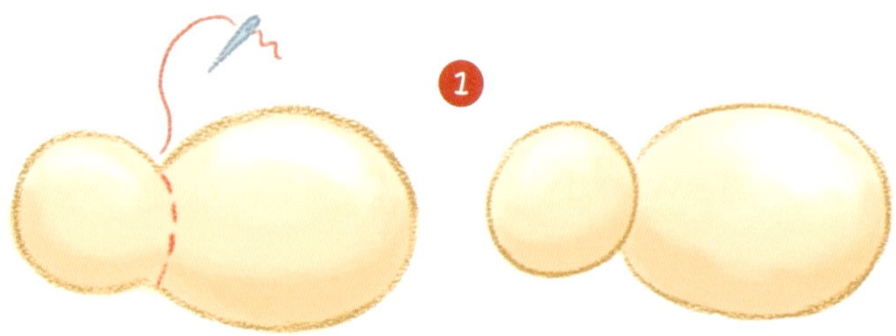

Das wird gebraucht

- Eine beige Socke
- Zwei schwarze Socken oder Strümpfe
- Zwei rote Socken oder Strümpfe
- Festes Garn in passender Farbe
- Zwei schwarze Knöpfe oder schwarzer Filz
- Schwarzer Filz
- Roter Filz
- Schwarzes Stickgarn
- Füllwatte
- Trickmarker und Schneiderkreide in Weiß
- Textilkleber
- Schnittmuster auf Seite 33

Abb.2 Eine schwarze Socke knapp unterhalb des Bündchens und genau in der Mitte der Ferse abschneiden. Das Zehenteil anschließend über den beigen Körper stülpen und das Gesicht mit Stecknadeln formen. Mit dem Leiterstich das Gesicht annähen und dabei die Schnittkante nach innen biegen.
An der Halslinie mit schwarzem Garn einen Heftstich nähen, gut zusammenziehen, einige Male umwickeln und verknoten.

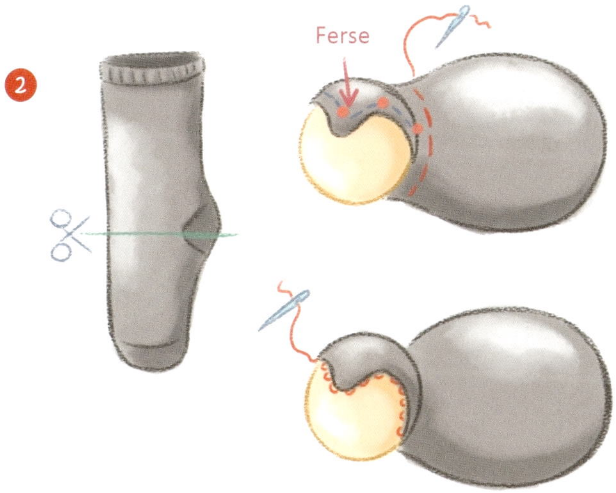

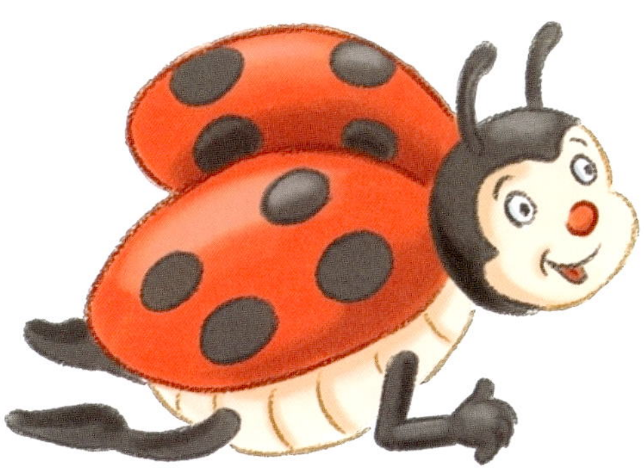

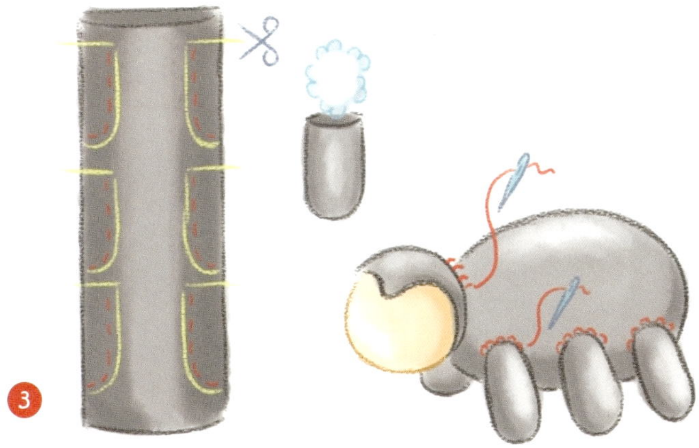

Abb.3 Den oder die restlichen Socken auf links wenden und mit weißer Schneiderkreide die Beine – je nach Sockengröße ca. 2 x 7 cm – anzeichnen und absteppen. Auf rechts wenden, mit Füllwatte ausstopfen und seitlich mit dem Leiterstich an den Körper nähen. Dabei stülpen Sie die Schnittkante nach innen.
Wenn Sie möchten, können Sie nun auch den Kopf mit einigen Leiterstichen etwas höher fixieren.

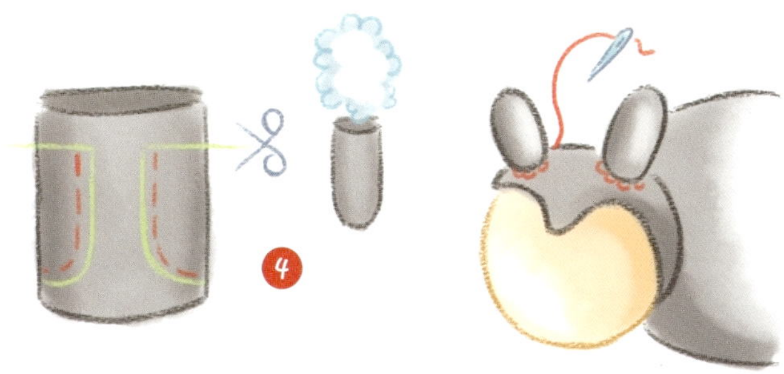

Abb.4 Reste der schwarzen Socke auf links wenden und im Bug die Fühler abnähen. Wieder auf rechts wenden und mit Füllwatte ausstopfen. Mit Stecknadeln am Kopf fixieren und mit dem Leiterstich annähen. Dabei die Schnittkante nach innen biegen.

Abb.5 Rote Socken oder Strümpfe mittig der Länge nach auseinanderschneiden. Ferse, Bündchen und Zehenspitze abschneiden. Die Schnittteile aufklappen, rechts auf rechts zusammen stecken und die Flügel mit dem Trickmarker aufzeichnen. Zusammennähen, auf rechts wenden und die obere Schnittkante mit dem Leiterstich schließen. Dabei die Schnittkante nach innen biegen.

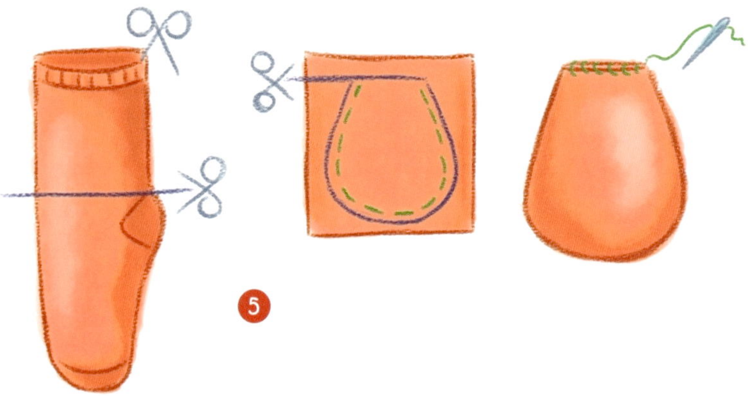

5

Stecken Sie die Flügel an den Körper, wobei Sie eine kleine Flügelfalte formen können. Nähen Sie die Flügel mit dem Leiterstich an.

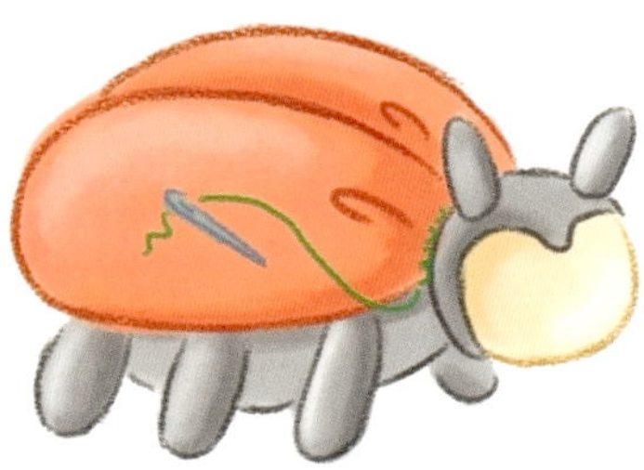

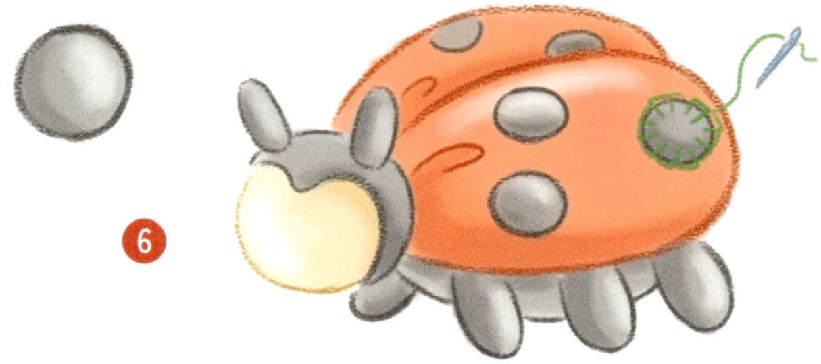

6

Abb.6 Die Punkte je nach Wunsch größer oder kleiner aus schwarzem Filz ausschneiden. Dabei können diverse Garnrollen oder Fingerhüte als Hilfsmittel dienen. Die Punkte entweder mit Textilkleber anbringen oder mit dem Knopflochstich annähen.

Abb.7 Für das Gesicht eine Nase aus einem Kreis der roten Socke formen. Dafür knapp neben der Schnittkante einen Heftstich nähen, gut zusammenziehen und mit Füllwatte ausstopfen. Mit dem Leiterstich an den Kopf nähen und dabei die Schnittkante nach innen biegen. Alternativ können Sie auch eine kleine Nase aus Filz zuschneiden.
Die Augen können Sie auch mithilfe zweier schwarzer Knöpfe annähen oder zwei kleine Filzkreise ankleben. Den Mund mit dem Trickmarker vorzeichnen und mit Rückwärtsstichen aus schwarzem Stickgarn annähen.

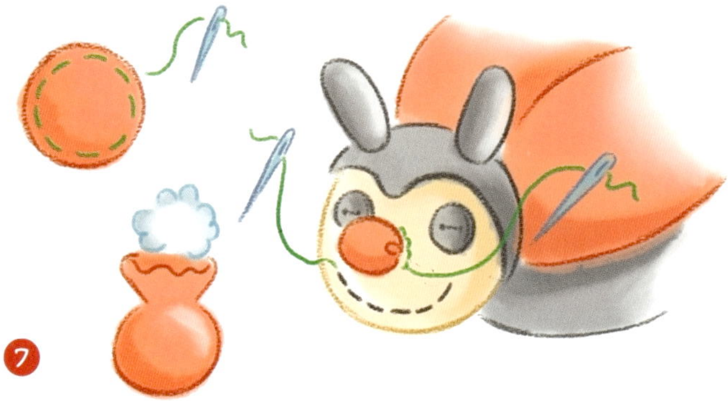

7

Schnittmuster Marienkäfer

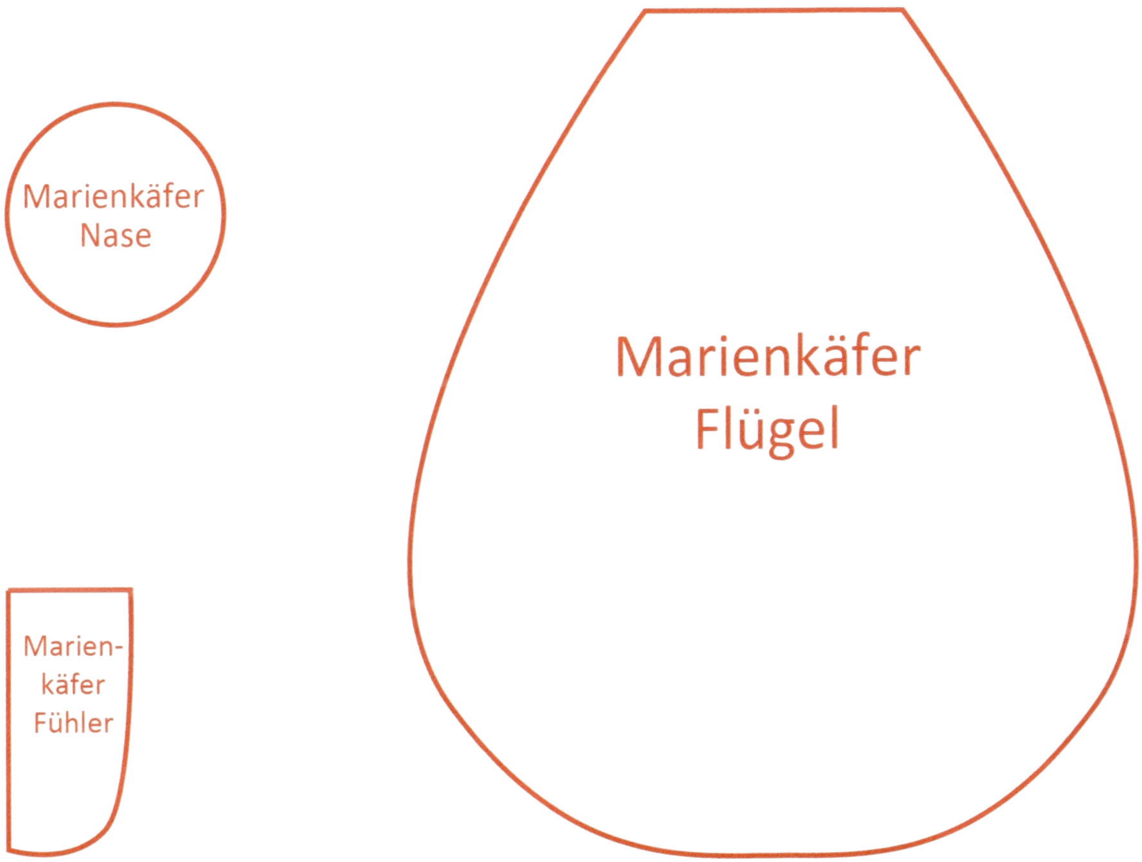

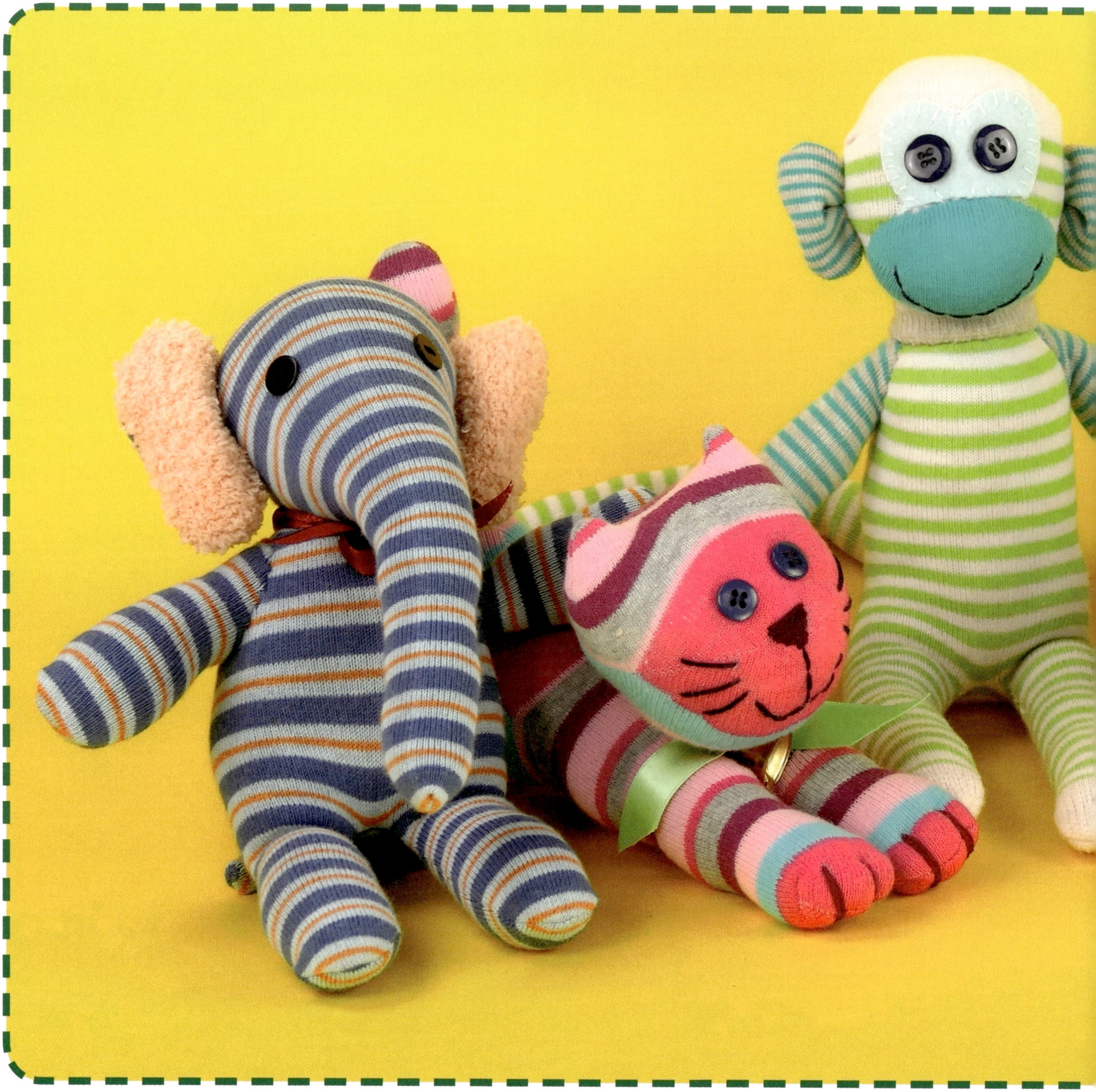

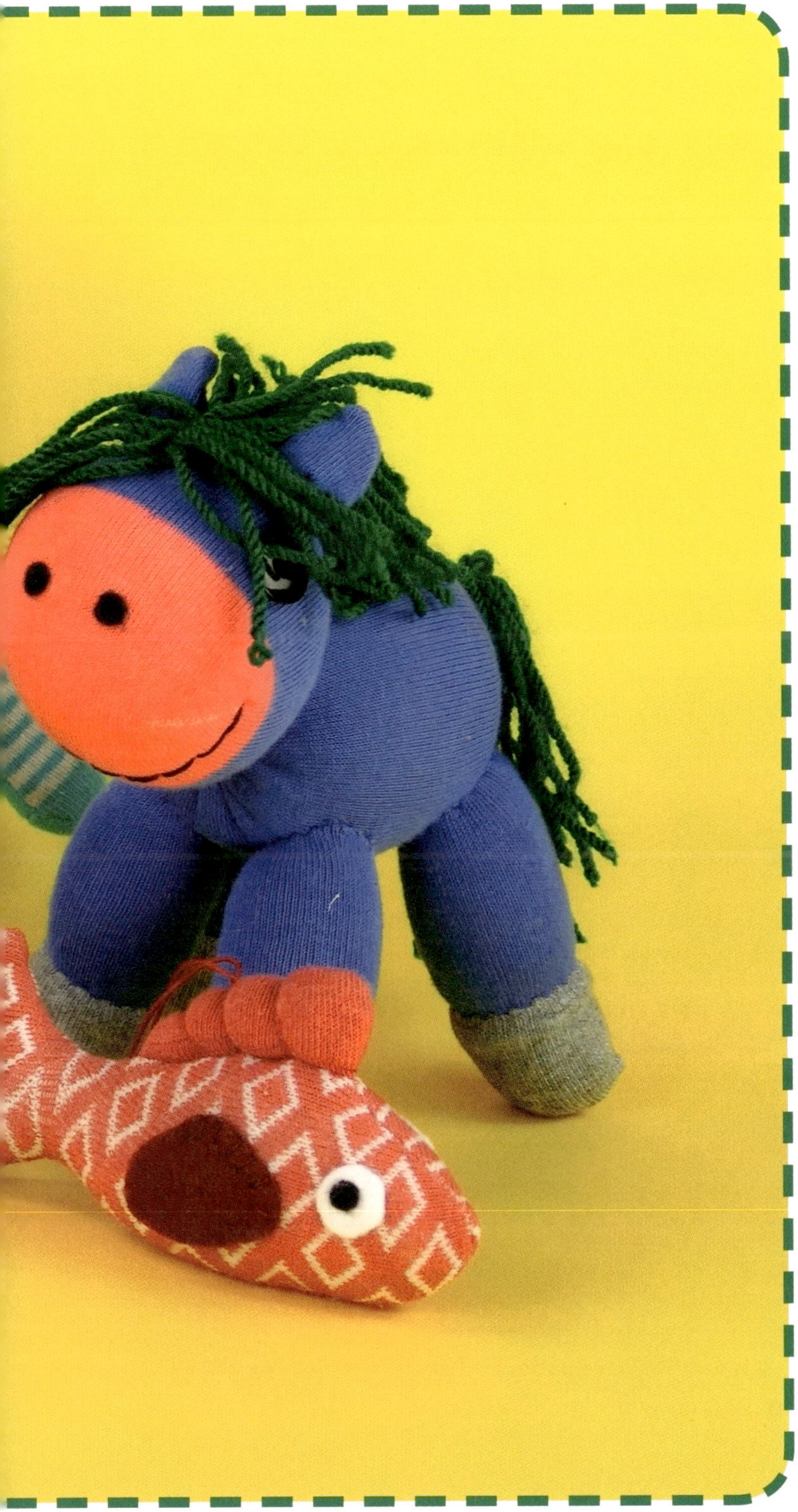

Sommer

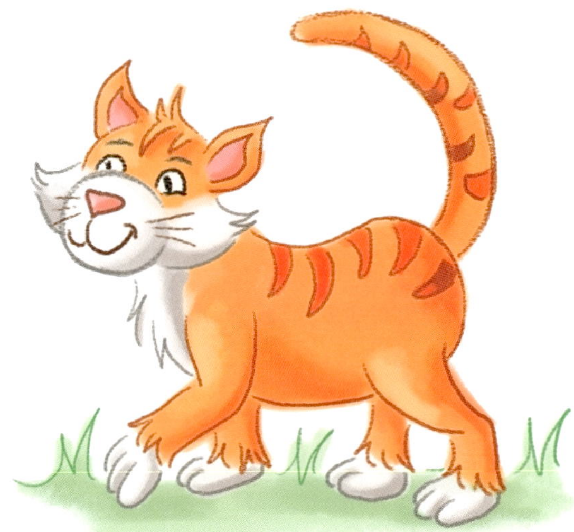

Schlaue Pferde

Schwierigkeitsgrad 3

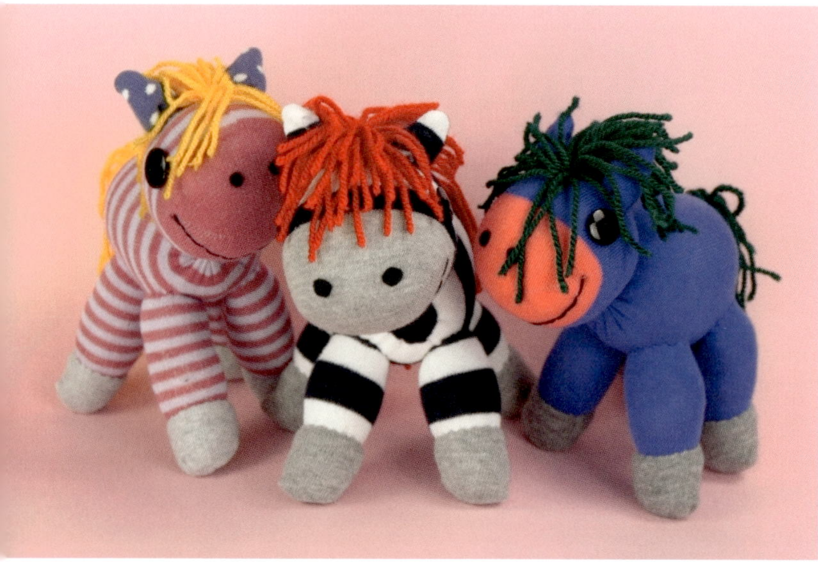

So wird's gemacht:

Abb. 1 Eine bunte Socke knapp oberhalb sowie unterhalb der Ferse abschneiden. Das Zehenteil gut mit Füllwatte ausstopfen und an der Schnittkante einen Heftstich einziehen. Fest zusammenziehen, die Schnittkante nach innen stülpen und von außen mit dem Leiterstich schließen.

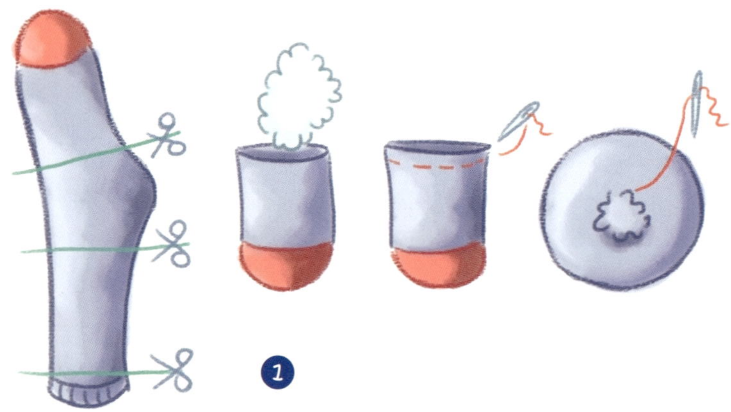

Abb. 2 Die untere Hälfte der Socke auf links wenden, an einer der beiden Schnittkanten einen Heftstich einziehen, zusammenziehen und einige Male umwickeln. Gut verknoten und wieder auf rechts wenden. Nun mit Füllwatte

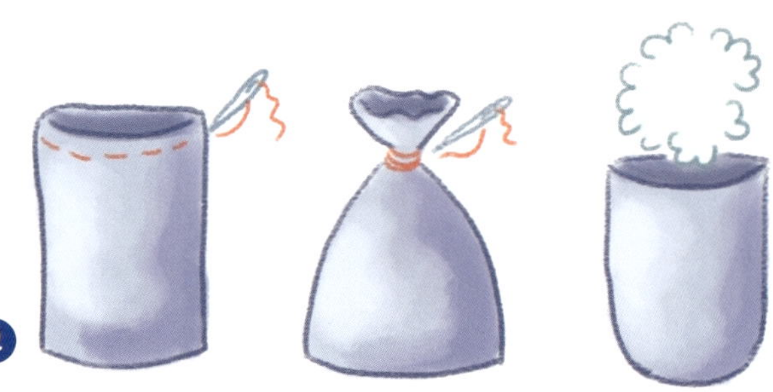

Das wird gebraucht

- Zwei bunte Socken, wenn möglich mit einer bunten Zehenspitze
- Eine graue Socke
- Bunte Wolle für die Haare
- Zwei schwarze Knöpfe oder schwarzen Filz
- Reis oder Kirschkerne
- Schwarze Stickwolle
- Filter für Reis oder Kirschkerne
- Füllwatte
- Trickmarker
- Textilkleber
- Schnittmuster auf Seite 38

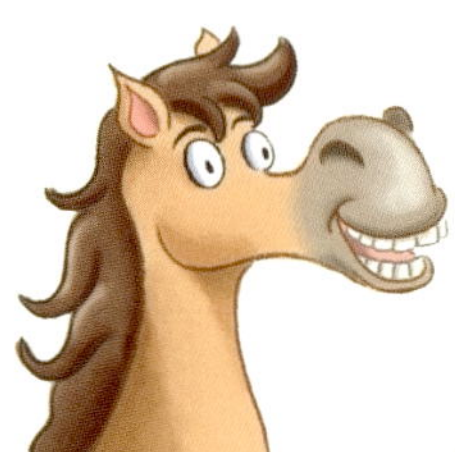

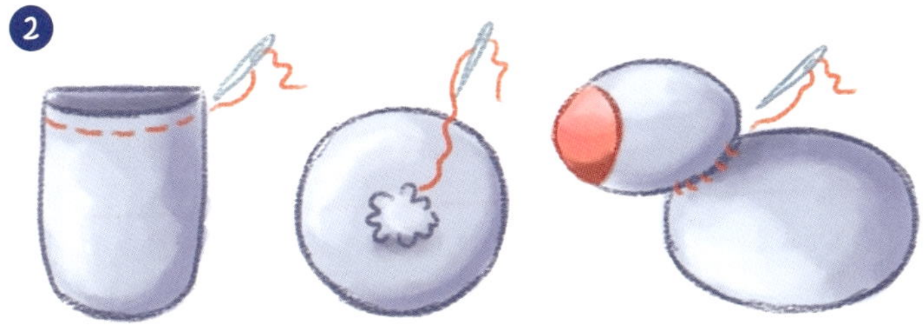

ausstopfen und auf der verbliebenen, offenen Schnittkante wiederum einen Heftstich einziehen. Die Kante nach innen stülpen und von außen mit dem Leiterstich schließen. Sie können nun mit Stecknadeln den Kopf an den Körper stecken und mit dem Leiterstich gut festnähen. Die Zehenspitze ergibt automatisch den Mund des Pferdes. Dabei dient die Zehennaht als Mund.

Abb. 3 Die zweite, bunte Socke auf links wenden, mit dem Trickmarker die Füße (ca. 3 cm x 9 cm) vorzeichnen und zusammennähen. Auf rechts wenden und zuerst mit etwas Reis, danach mit Füllwatte ausstopfen. Danach stecken Sie die Füße an den Körper und nähen sie von außen mit dem Leiterstich an. Dabei die Schnittkante jeweils nach innen stülpen.

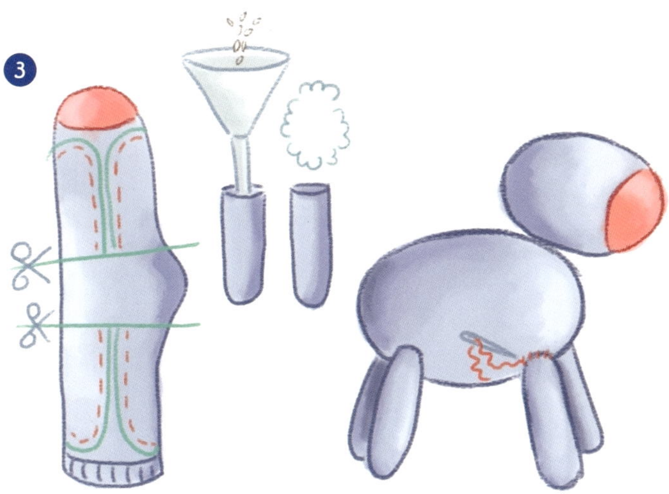

Abb. 4 Die graue Socke für die Hufe ebenfalls auf links wenden, mit dem Trickmarker die Hufe (ca. 3 cm x 4,5 cm) vorzeichnen und nähen. Ausschneiden, auf rechts wenden und mit dem Leiterstich an die Füße nähen. Dabei die Schnittkante nach innen stülpen.

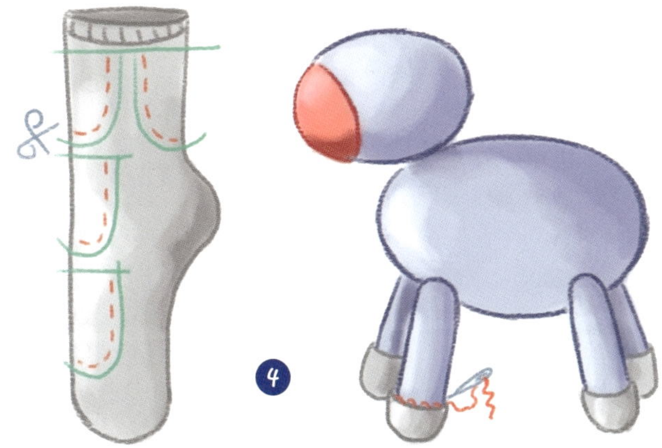

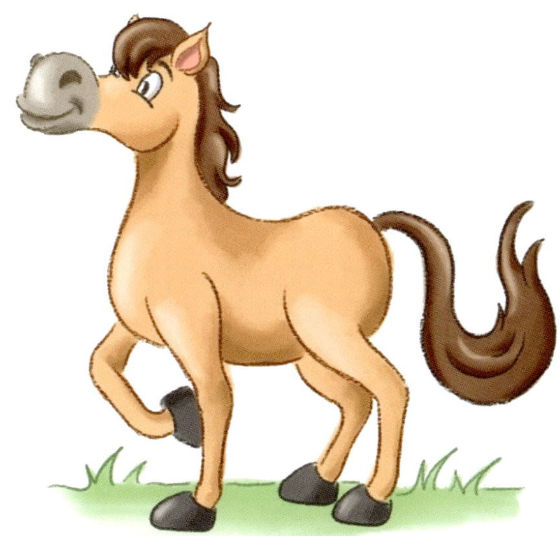

Abb. 5 Reste der Körpersocke oder eine beliebige andere Socke rechts auf rechts legen und die beiden Ohren nähen. Rundum ausschneiden, wenden, mit Ohrfalte an den Kopf stecken und mit dem Leiterstich annähen. Dabei die Schnittkante nach innen stülpen.
Danach das Gesicht gestalten. Dafür können Sie große, schwarze Knöpfe als Augen annähen. Die Nasenlöcher mit schwarzem Filz ankleben und den Mund mit schwarzer Stickwolle aufnähen. Dabei können Sie sich an der Zehennaht orientieren.

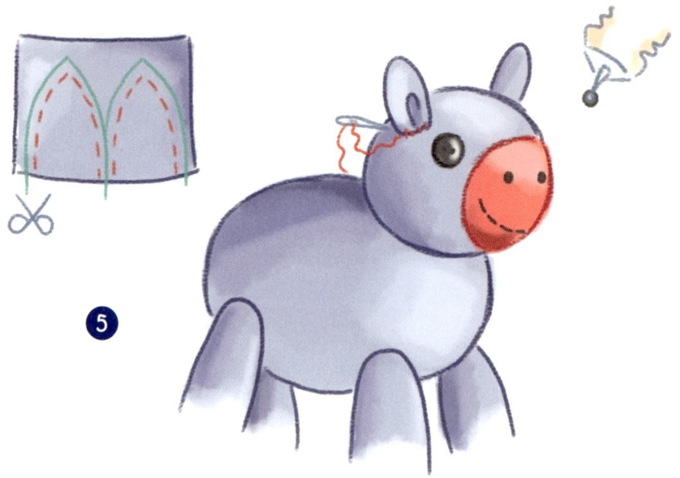

5

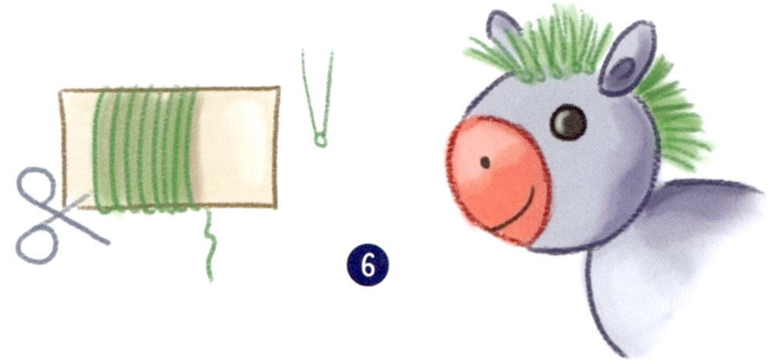

6

Abb.6 Für die Haare bunte Wolle über einen Karton wickeln und an einer Seite durchschneiden. Die Linie für die Kopfhaare mit Trickmarker vorzeichnen und die einzelnen Fäden mit einer Nadel durchziehen und anknüpfen.
Die Schweifhaare ebenso zuschneiden, nebeneinander durchziehen und gemeinsam verknoten.

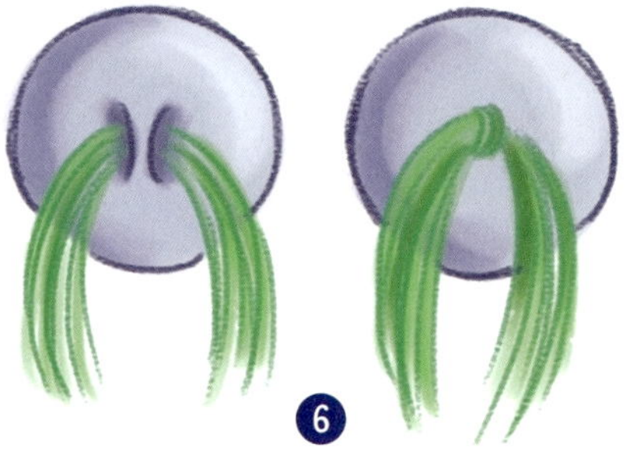

6

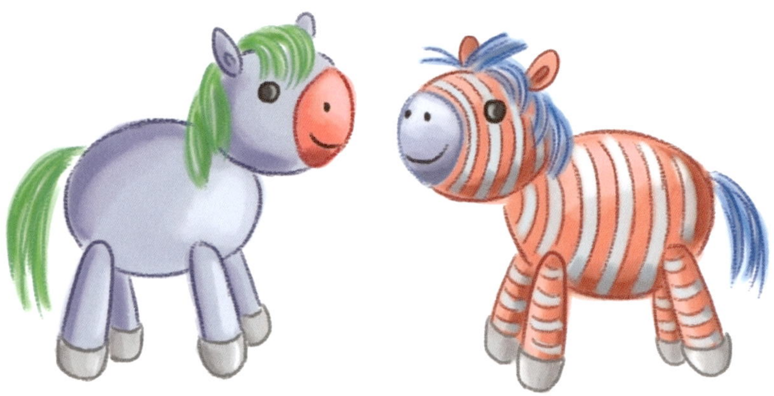

Schnittmuster Pferde

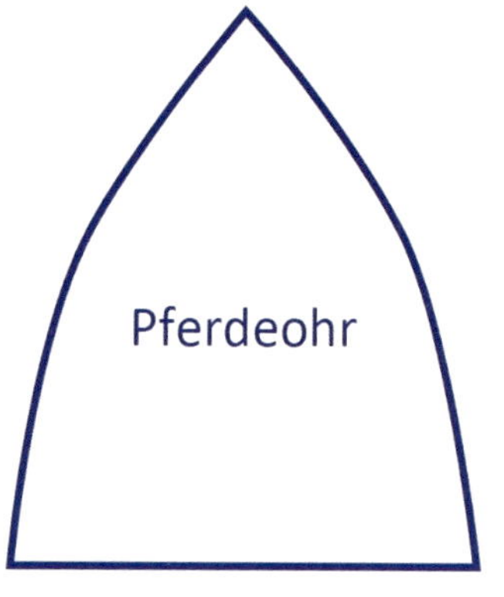

Listige Affen

Schwierigkeitsgrad 3

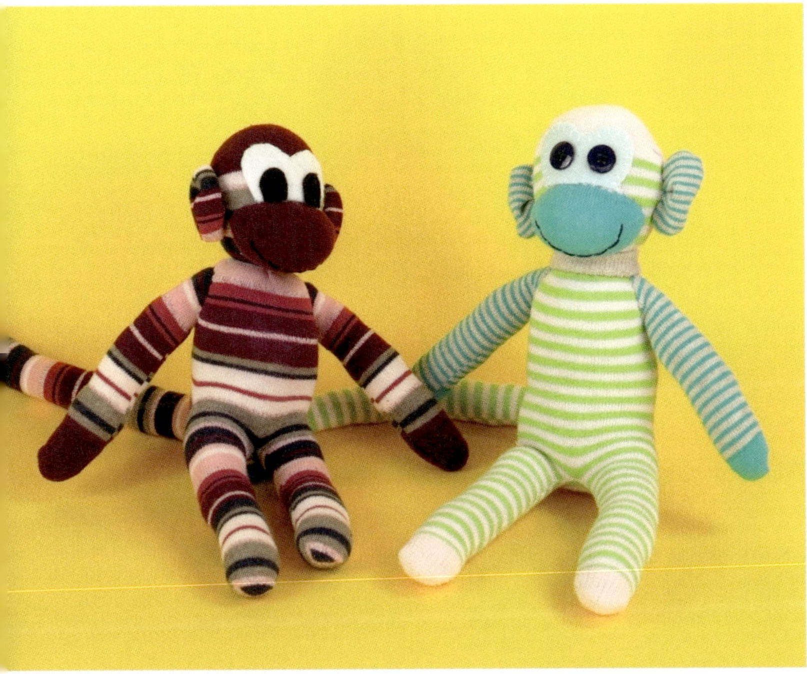

So wird's gemacht:

Abb. 1 Die bunte Socke für den Körper auf links wenden und mit der Ferse nach oben hinlegen. Die Beine mit dem Trickmarker markieren und nähen. Dabei eine etwa 2–3 cm lange Wendeöffnung unbenäht lassen. Den Socken auf rechts wenden, mit Füllwatte ausstopfen und die Wendeöffnung mit dem Leiterstich schließen.

1

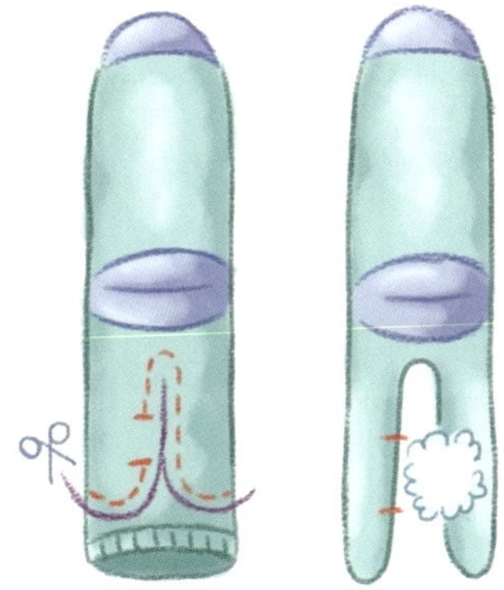

Für den Kopf einen Heftstich einziehen, gut zusammenziehen, einige Male umwickeln und gut verknoten.

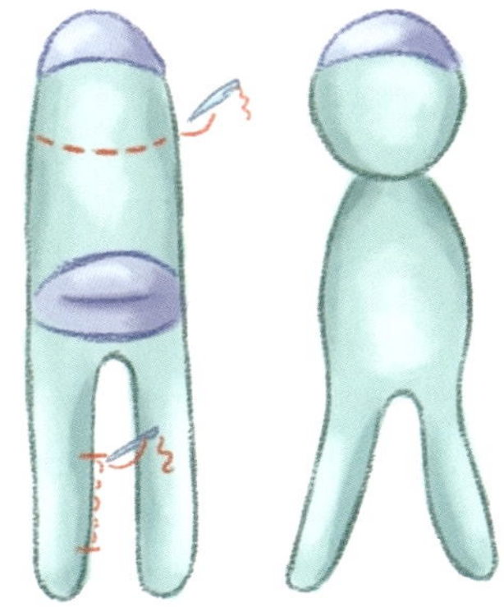

1

Das wird gebraucht

- Zwei bunte Socken, eventuell auch zwei verschiedene Socken
- Stickwolle für den Mund
- 2 dunkle Knöpfe oder schwarzer Filz (sowie Textilkleber)
- Weißer Filz
- Füllwatte
- Trickmarker
- Schnittmuster auf Seite 41

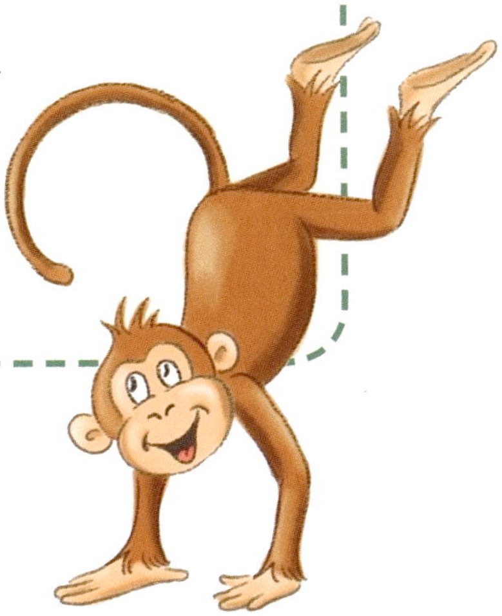

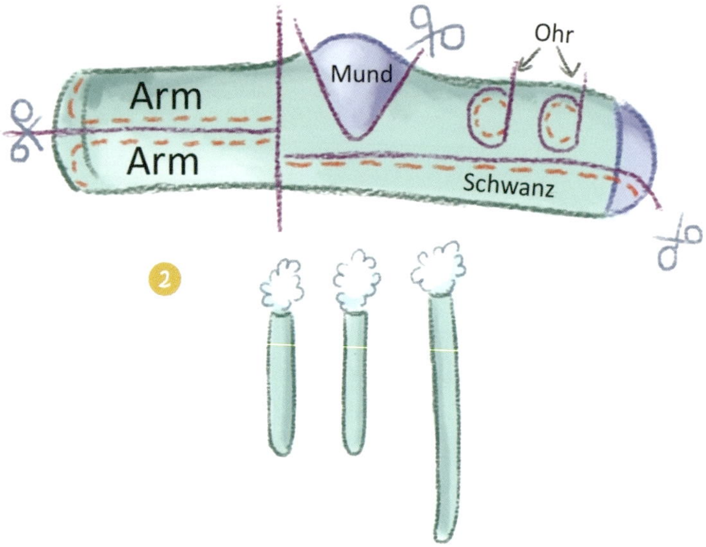

Abb. 2 Die zweite bunte Socke auf links wenden mit dem Trickmarker Arme, Affenschwänzchen sowie Ohren markieren und nähen. Danach alles mit einer Nahtzugabe ausschneiden. Für den Mund schneiden Sie die Ferse aus.

Abb. 3 Arme und Affenschwänzchen auf rechts wenden, mit Füllwatte ausstopfen und mit dem Leiterstich an den Körper nähen. Dabei die Schnittkante nach innen biegen. Das Fersenteil mit Stecknadeln an den Kopf stecken, mit Watte füllen und mit dem Leiterstich annähen. Dabei wieder die Schnittkante nach innen biegen. Während dem Nähen eventuell noch mehr Füllwatte nachstopfen.

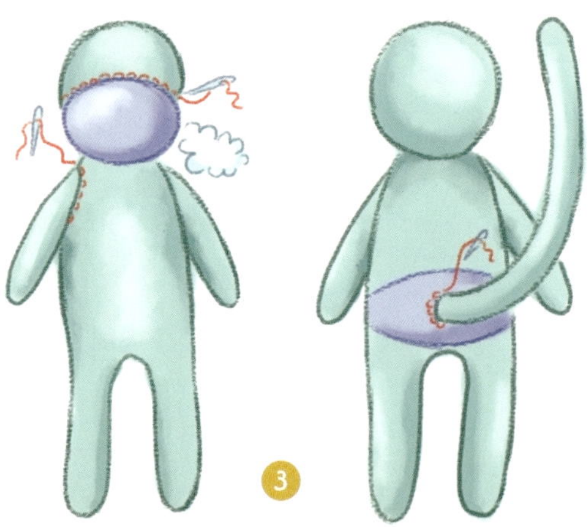

Abb. 4 Nun die Ohren auf rechts wenden und mit dem Leiterstich an den Kopf nähen. Dabei die Schnittkante nach innen biegen und eventuell eine Ohrfalte mit einnähen.
Die Augen aus weißem Filz annähen und oben mit dem Knopflochstich annähen. Unten eventuell auch einige Male umnähen. Die Pupillen entweder aus schwarzem Filz ankleben oder mit Knöpfen annähen.

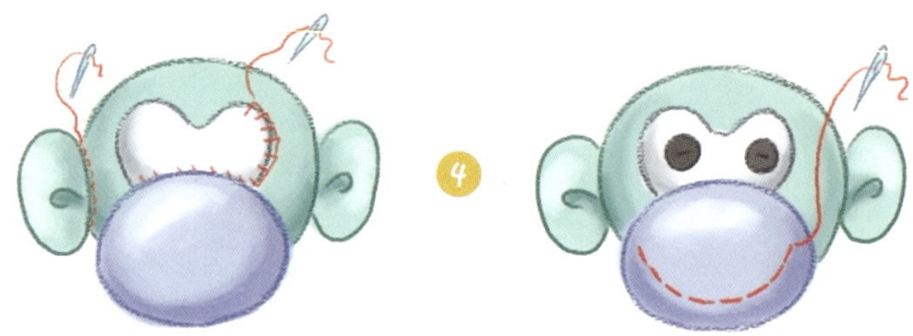

Zuletzt noch den Mund mit dem Trickmarker vorzeichnen und mit einem passenden Stickgarn annähen.

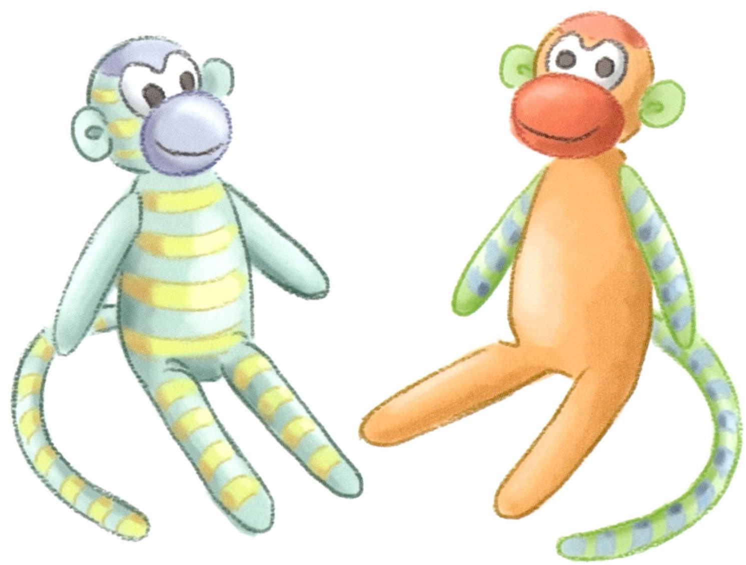

Schnittmuster Affen

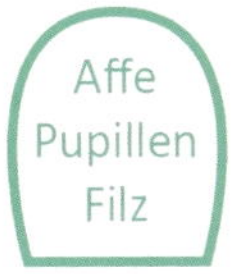

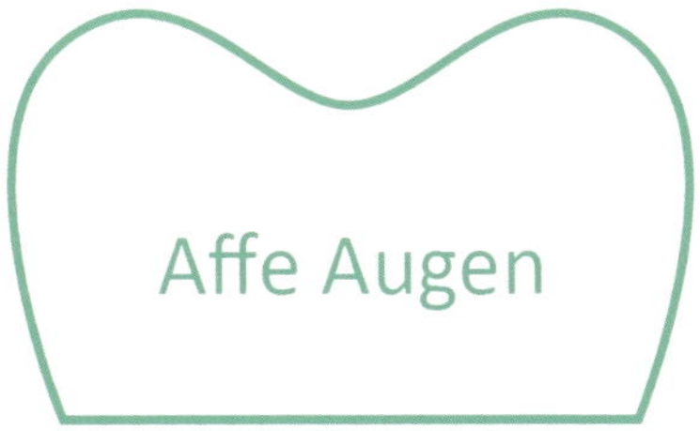

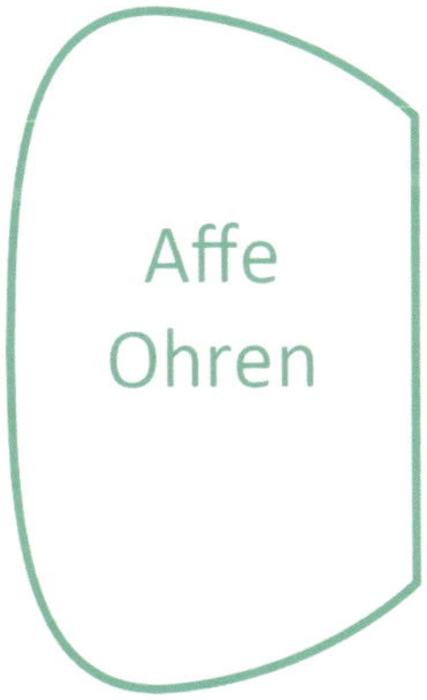

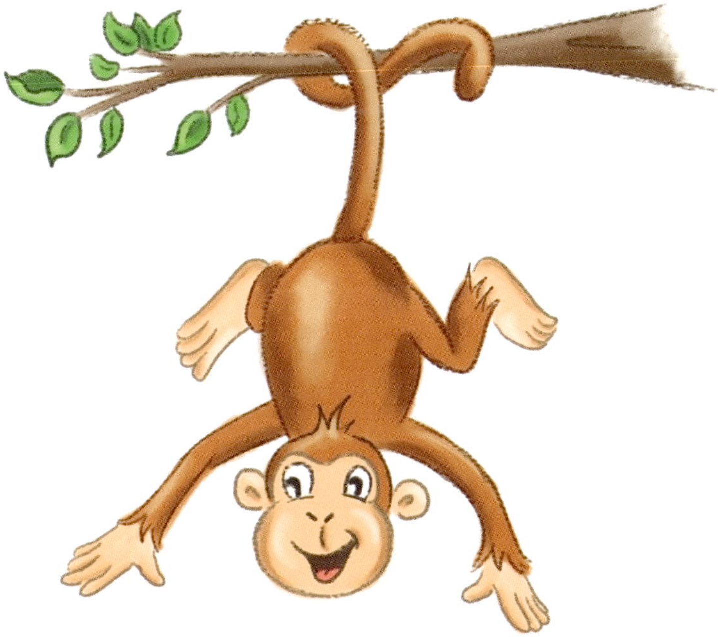

Schnurrende Katzenbande

Schwierigkeitsgrad 2

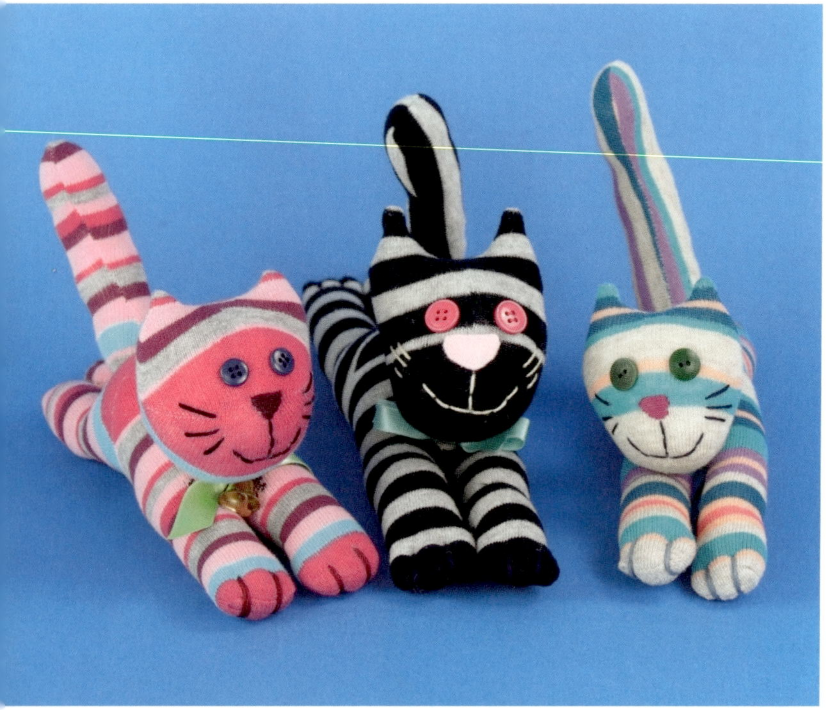

So wird's gemacht:

Abb. 1 Die erste bunte Socke für den Kopf auf links wenden. Den Umriss für den Kopf laut Schnittmuster übertragen und ca. 3 cm oberhalb der Ferse nähen. Mit einer Nahtzugabe ausschneiden. Unterhalb der Ferse abschneiden, wenden und mit Füllwatte ausstopfen.

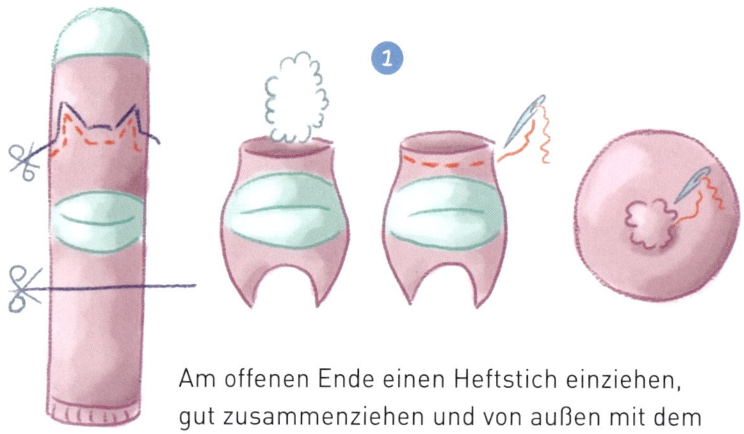

Am offenen Ende einen Heftstich einziehen, gut zusammenziehen und von außen mit dem Leiterstich schließen.

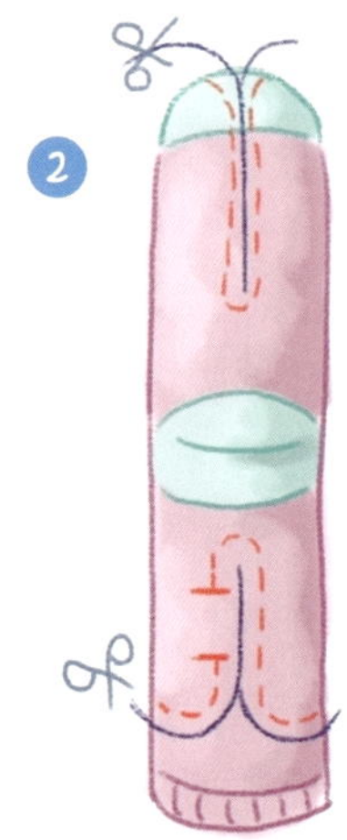

Abb. 2 Die zweite bunte Socke auf links wenden und die Beine laut Abbildung absteppen und ausschneiden. Dabei beim Oberkörper einen größeren Abstand zur Ferse lassen als beim Unterkörper. Das Fersenteil wird zum Popo der Katze.

Das wird gebraucht

- Zwei bunte Socken, eventuell längere Socken
- Stickwolle für Nase, Mund und Schnurrbarthaare
- 2 schwarze Knöpfe
- Füllwatte
- Trickmarker
- Eventuell rosa Filz und Textilkleber
- Schnittmuster auf Seite 44

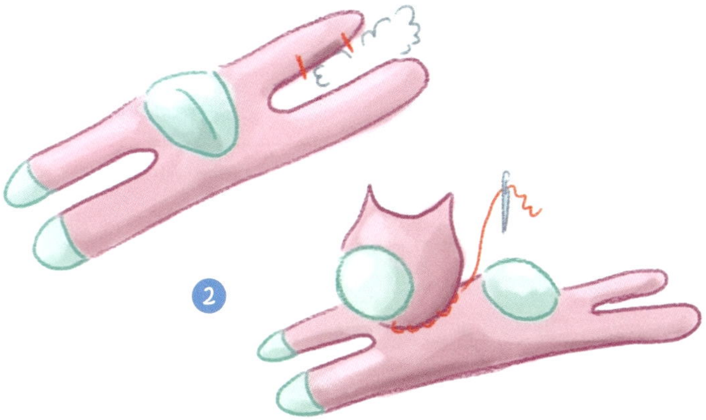

Bei den Hinterbeinen eine Wendeöffnung von etwa 2–3 cm unbenäht lassen. Auf rechts wenden und gut mit Füllwatte ausstopfen. Mit dem Leiterstich von außen schließen, dabei die Schnittkante nach innen biegen.
Nun den Kopf mit Stecknadeln gut anstecken und mit dem Leiterstich an den Körper nähen.

Abb. 3 Aus dem Rest der Kopf-Socke nun den Katzenschwanz laut Schnittmuster nähen. Falls Ihre Socke zu kurz ist, schneiden Sie den Sockenrest der Länge nach durch. Mittig rechts auf rechts zusammenfalten, und dann können Sie das Schwänzchen mit Längsstreifen nähen. Wieder wenden, gut füllen und mit dem Leiterstich an den Popo der Katze nähen.

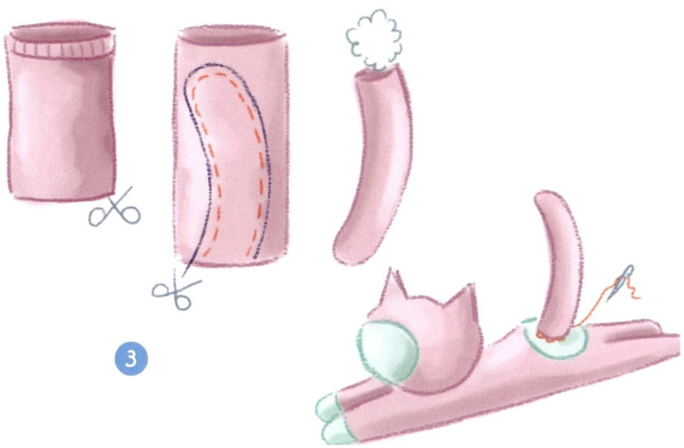

Abb. 4 Zuletzt gestalten Sie noch das Gesicht der Katze. Dafür Knöpfe für Augen annähen, die Nase mit Stickgarn aufsticken oder aus Filz ausschneiden und ankleben. Ebenso Mund und Schnurrbarthaare annähen. Den Pfoten können Sie ebenso mit Stickwolle noch etwas Kontur verleihen, indem Sie dreimal auf der Unter- und Oberseite ein- und ausstechen.

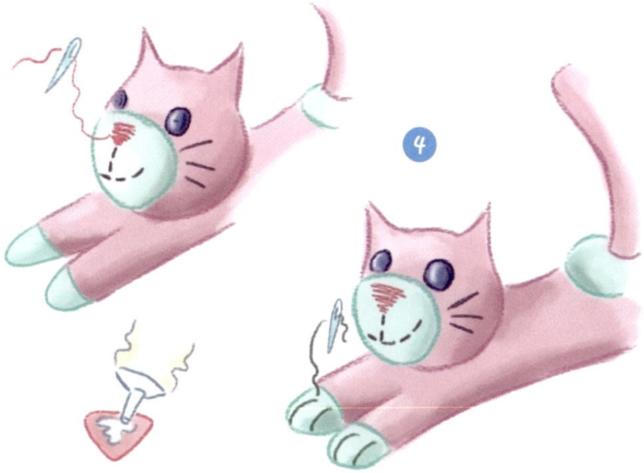

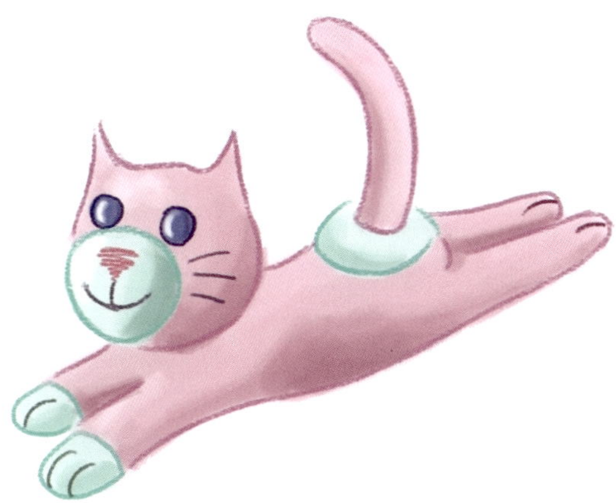

Schnittmuster Katzenbande

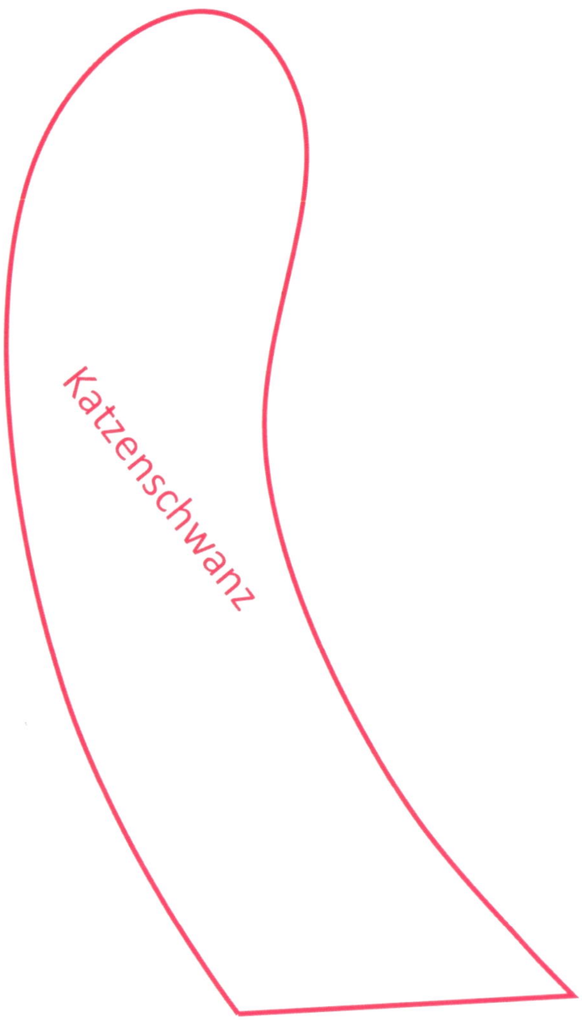

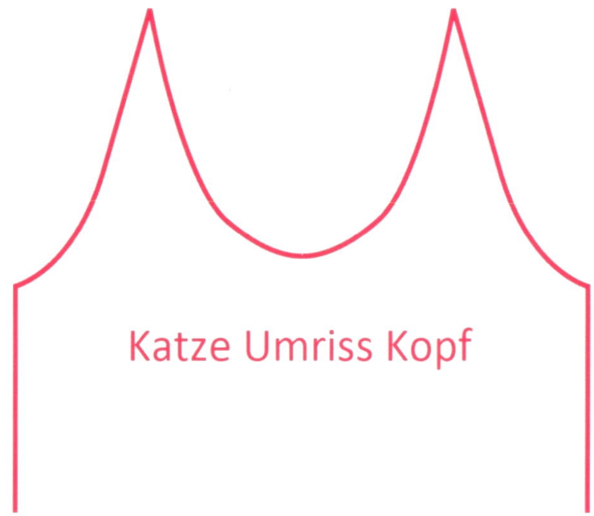

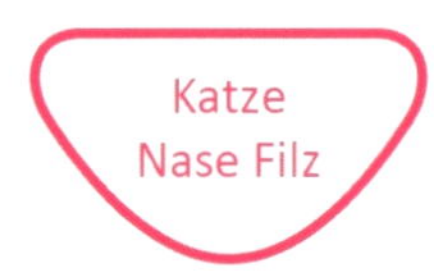

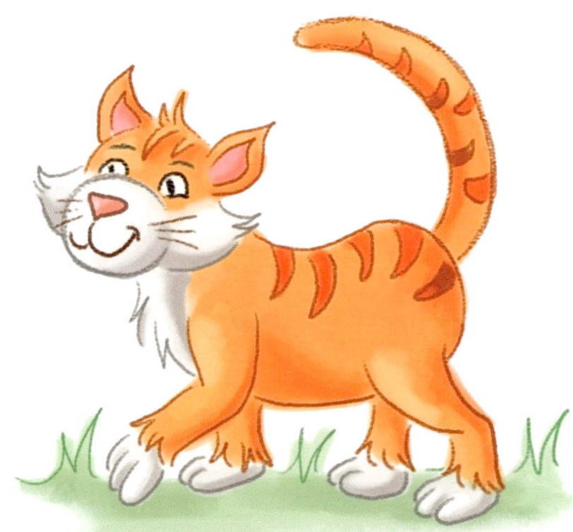

Blaue Elefanten

Schwierigkeitsgrad 3

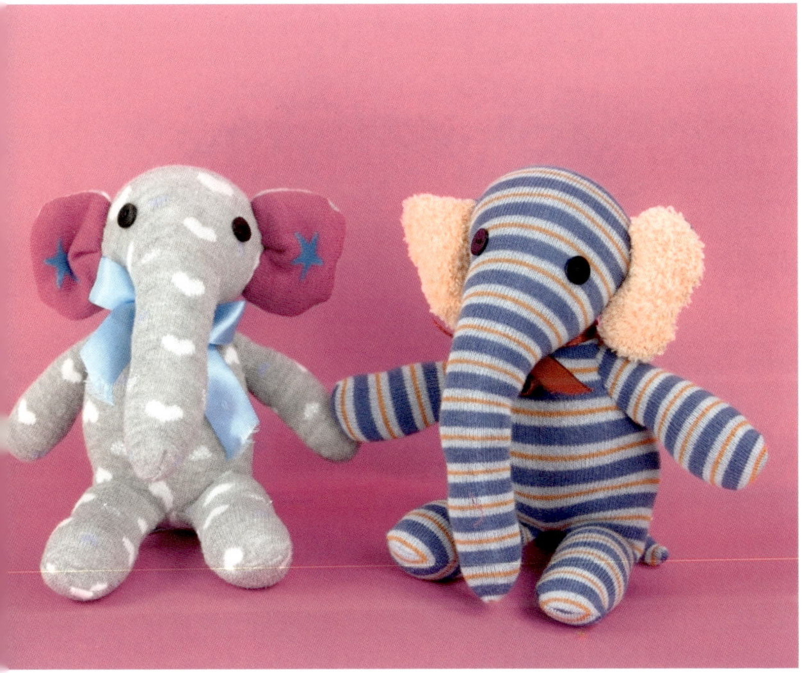

So wird's gemacht:

Abb. 1 Die Socken für den Körper auf links wenden und wie in der Abbildung hinlegen. Mit einem Trickmarker den Kopf, die Arme und das Elefantenschwänzchen markieren, abnähen und mit einer Nahtzugabe ausschneiden.

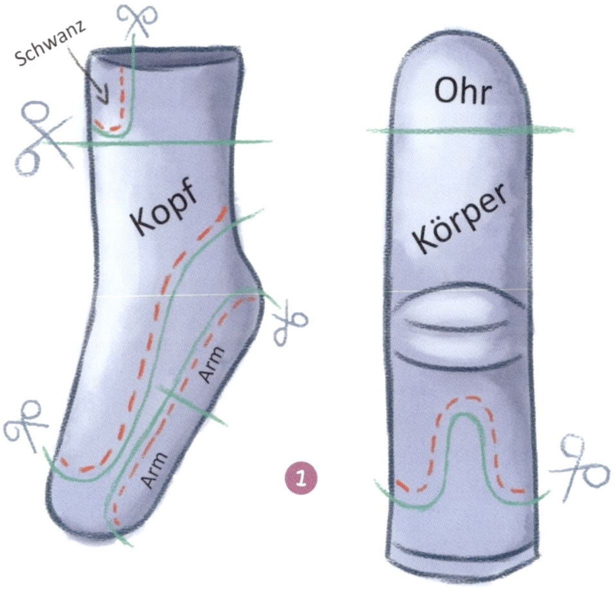

Ebenso die Beine nähen und ausschneiden. Für die Ohren die zweite Zehenspitze einstweilen beiseitelegen.

Das wird gebraucht

- Zwei bunte Socken für den Körper
- Eine Socke für die Innenohren
- 2 dunkle Knöpfe
- Trickmarker
- Füllwatte

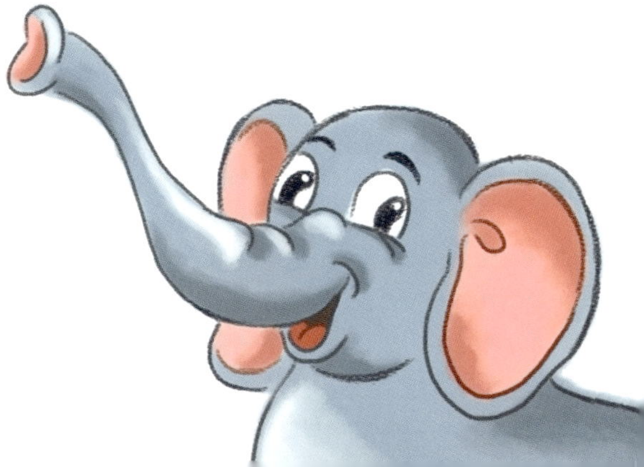

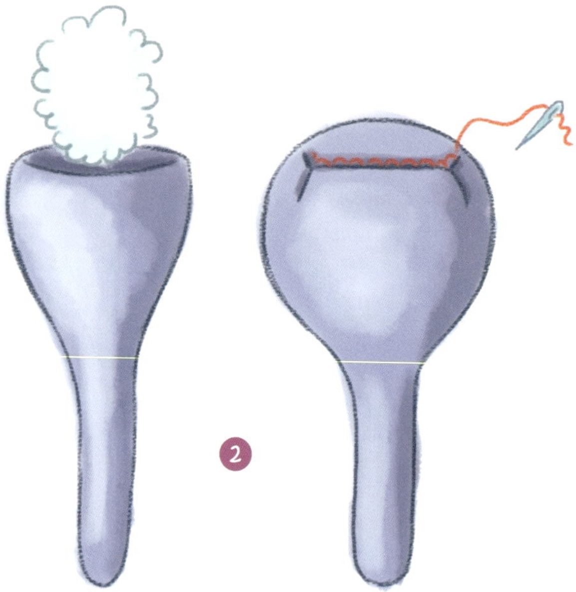

2

Abb. 2 Nun den Kopf gut mit Füllwatte ausstopfen. Dabei wird die Naht mittig des Rüssels später unten sein. Die obere Schnittkante umbiegen und über die untere stülpen. Mit Stecknadeln feststecken und mit dem Leiterstich von außen schließen.

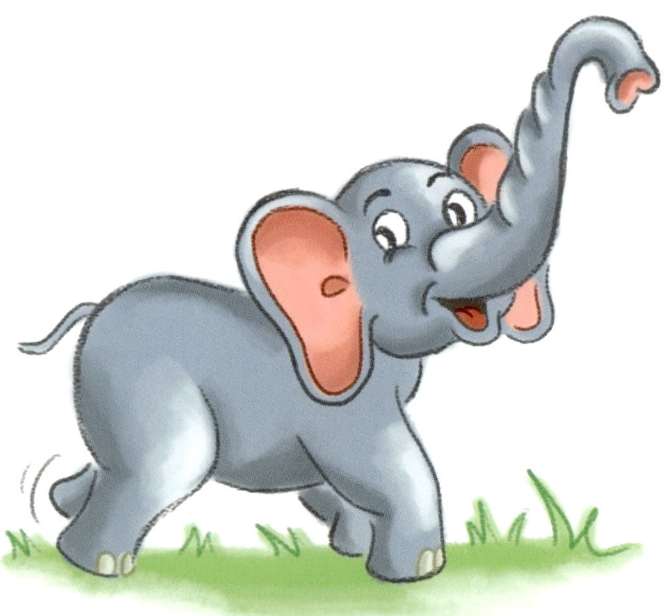

Abb. 3 Danach den Körper mit Füllwatte ausstopfen, am Hals einen Heftstich einziehen, gut zusammenziehen und mit dem Leiterstich schließen. Dabei die Schnittkante nach innen stülpen. Nun stecken Sie den Kopf am Körper fest und nähen ihn mit dem Leiterstich an.

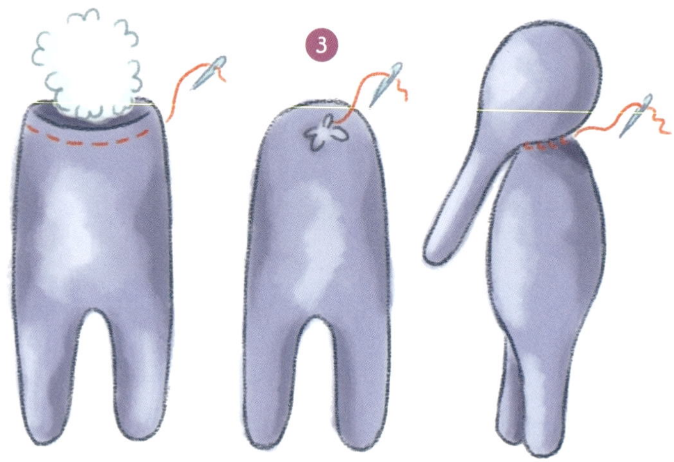

3

Abb. 4 Die zusammengenähten Arme wenden, mit Füllwatte ausstopfen und mit dem Leiterstich an den Körper nähen.

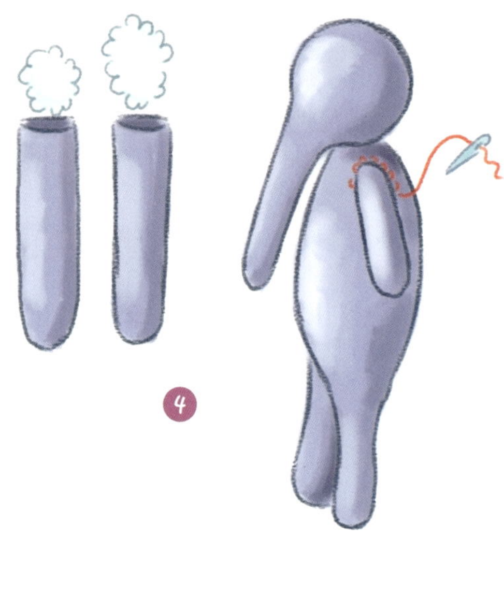

4

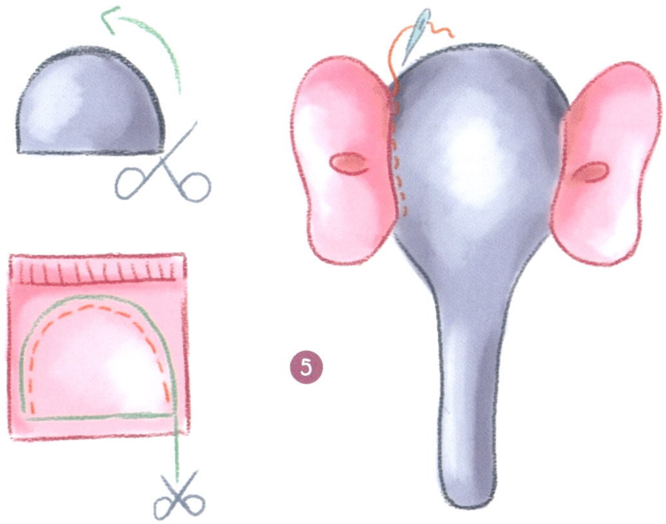

5

Abb. 5 Für die Ohren schneiden Sie die Zehenspitze der Körpersocke seitlich auf. Jeweils eine Körpersocke und eine rosa Socke rechts auf rechts zusammennähen und mit einer Nahtzugabe ausschneiden. Wenden und mit dem Leiterstich an den Kopf nähen. Dabei stülpen Sie die Schnittkante nach innen. Sehr nett sieht es aus, wenn Sie eine kleine Ohrfalte mit einnähen.

Abb. 6 Zuletzt noch das Schwänzchen wenden, leicht füllen und mit dem Leiterstich an den Elefantenpo nähen. Dabei die Schnittkante nach innen stülpen.

Abb. 7 Bringen Sie noch zwei Augen in Form von Knöpfen an, und Ihr Elefant ist fertig!

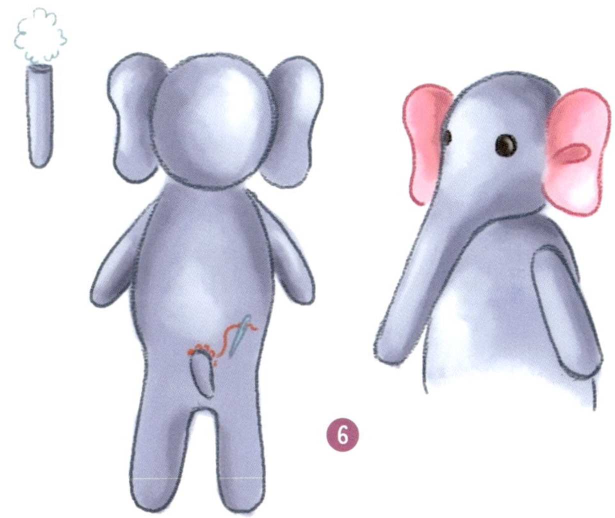

6

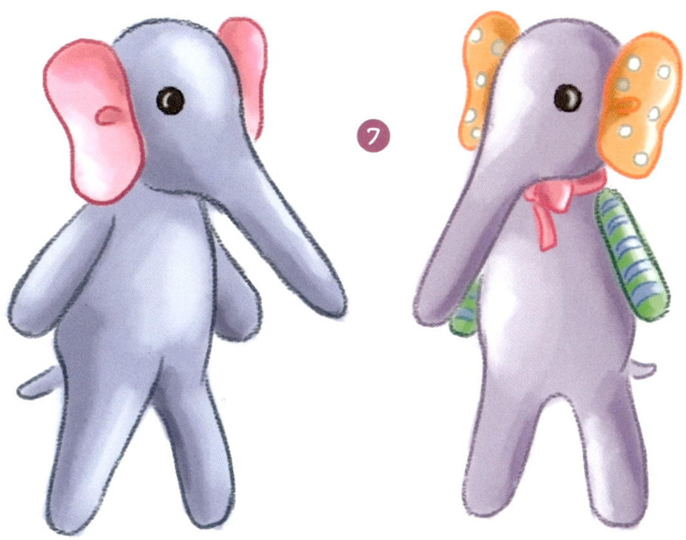

7

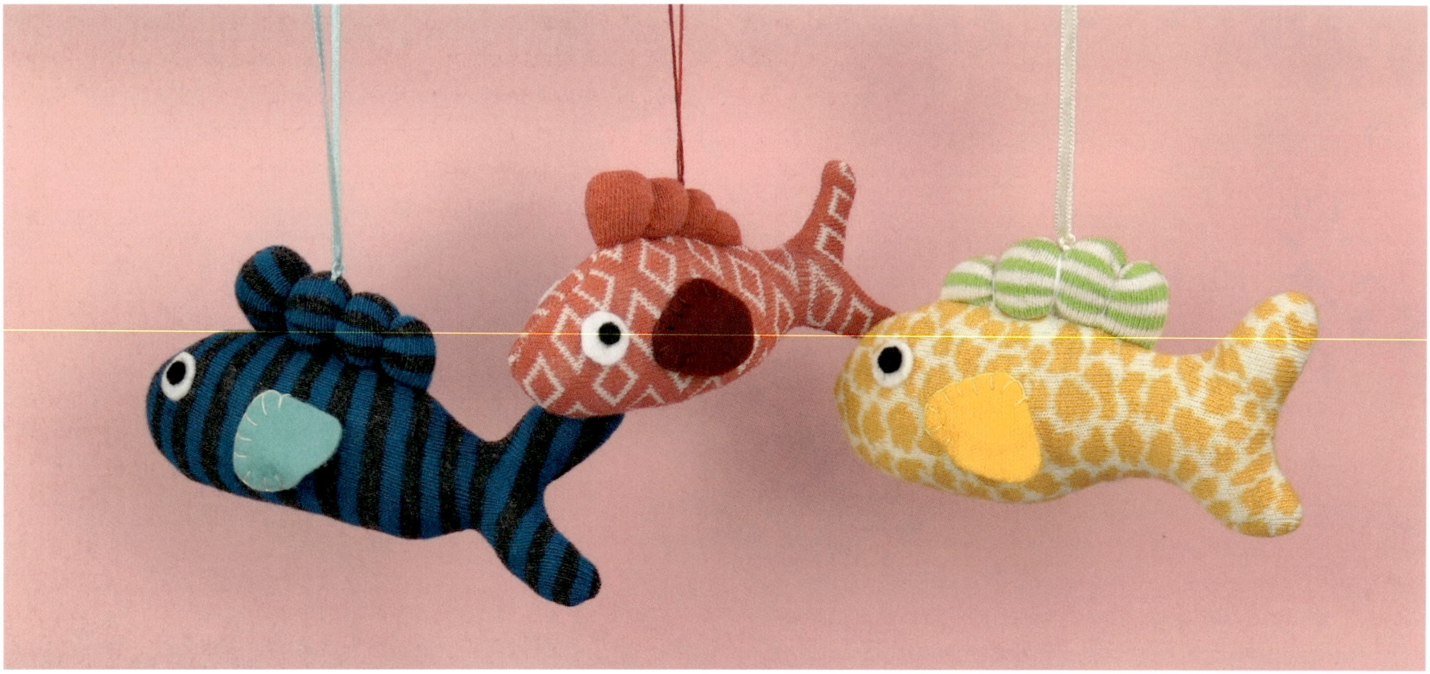

Sommerliche Fische

Schwierigkeitsgrad 2

Das wird gebraucht

- Eine bunte Socke für den Körper
- Je nach Wunsch eine andere Socke für die Rückenflosse
- Filz für die Seitenflossen
- Weißen und schwarzen Filz für die Augen oder Wackelaugen
- Füllwatte
- Textilkleber
- Schnittmuster auf Seite 51

So wird's gemacht:

Abb. 1 Die Socke für den Körper auf links wenden und wie auf der Abbildung hinlegen. Mit dem Trickmarker den Umriss des Körpers anzeichnen. Ebenso die Rückenflosse markieren. Anschließend die Rückenflosse rechts auf rechts zusammennähen, den Fischkörper aber nur zusammenstecken und ausschneiden.

1

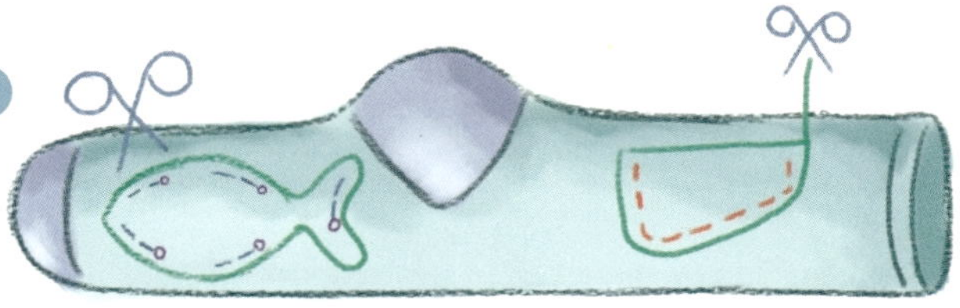

Abb. 2 Die Rückenflosse wieder auf rechts wenden und mit Füllwatte ausstopfen, dabei aber eine Nahtzugabe berücksichtigen. Schieben Sie die Rückenflosse nun zwischen die beiden rechts auf rechts zusammengesteckten Körperteile und stecken alles gemeinsam zusammen. Rundum nähen, dabei unten eine Wendeöffnung unbenäht lassen.

2

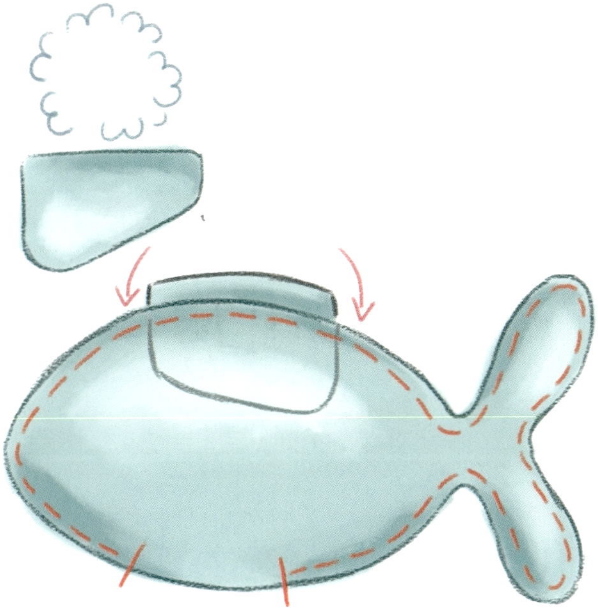

3

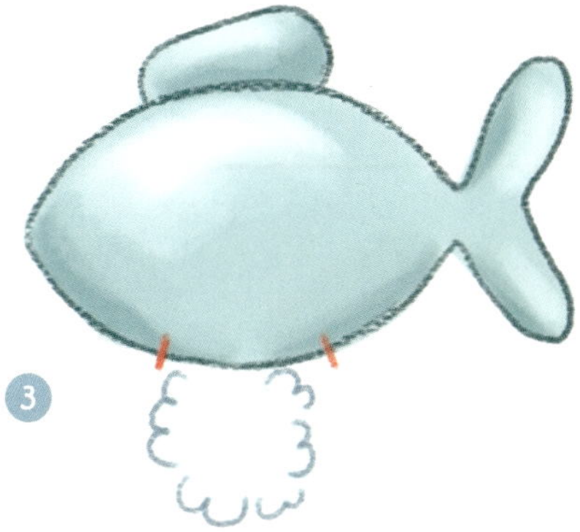

Abb. 3 Wenden Sie den Fisch nun auf rechts und stopfen ihn gut mit Füllwatte aus.

3

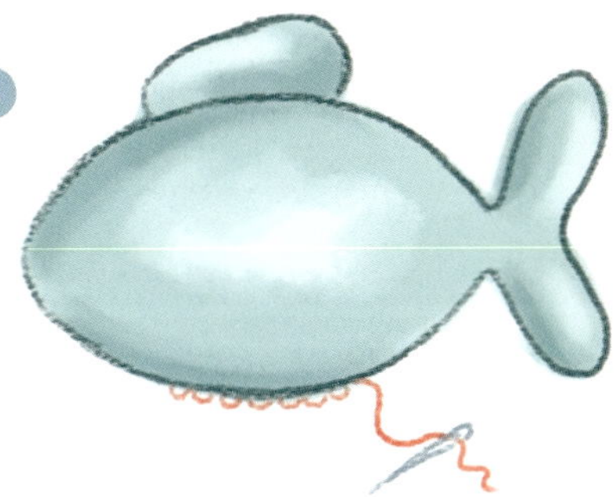

Die Wendeöffnung von außen mit dem Leiterstich schließen und dabei die Schnittkante nach innen biegen.

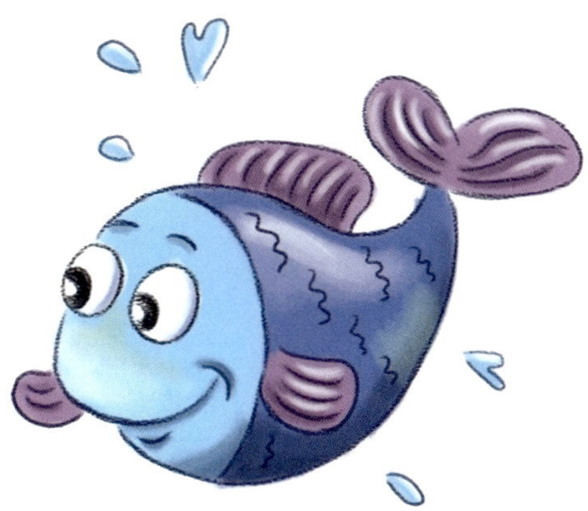

Abb. 4 Um der Rückenflosse mehr Kontur zu verleihen, können Sie noch einen passenden Faden einziehen und einige Male vorne wie auf der Rückseite ausstechen. Die Seitenflosse aus Filz zuschneiden und mit dem Knopflochstich annähen. Je nach Geschmack die Augen aus Filz ausschneiden und ankleben oder Wackelaugen anbringen.

5

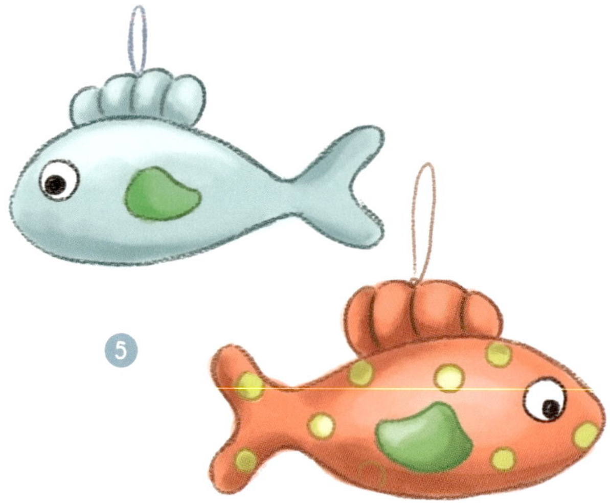

4

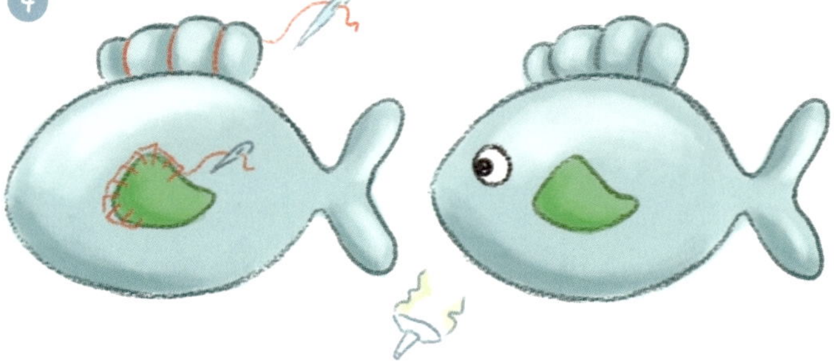

Abb. 5 Zuletzt können Sie in der Rückenflosse einen Faden oder ein passendes Band einziehen, um den Fisch als Sommerdekoration aufzuhängen.

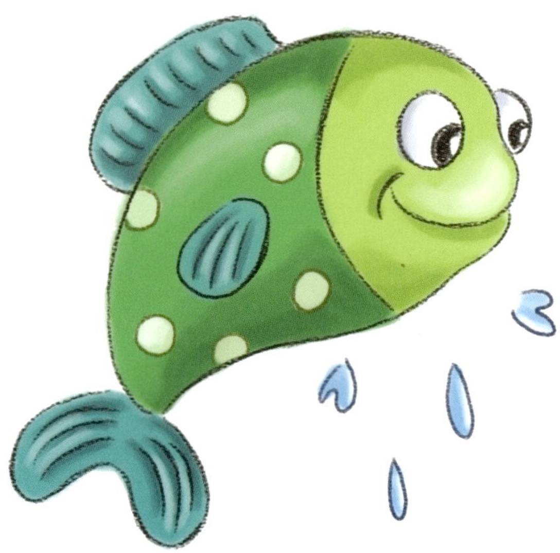

Schnittmuster Fische

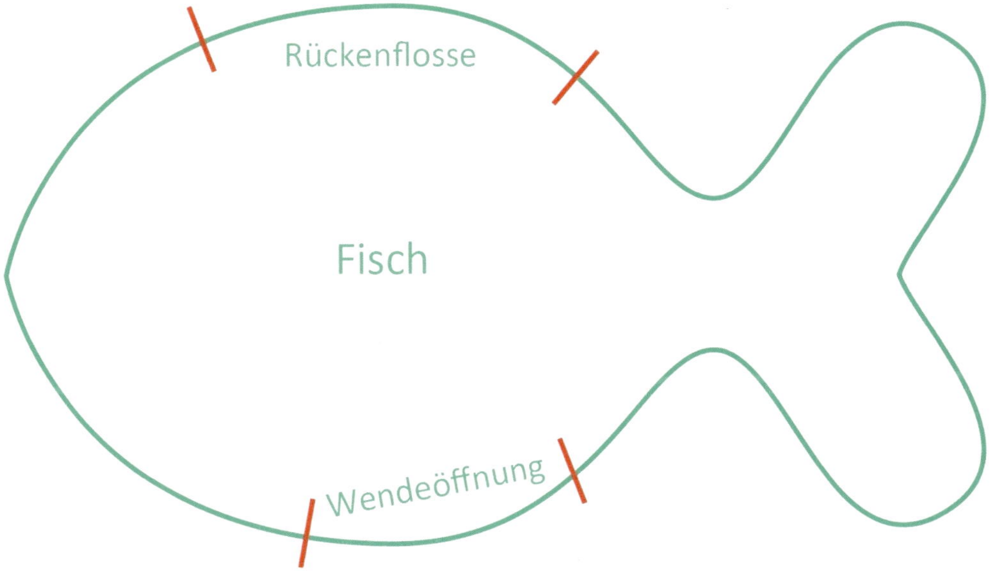

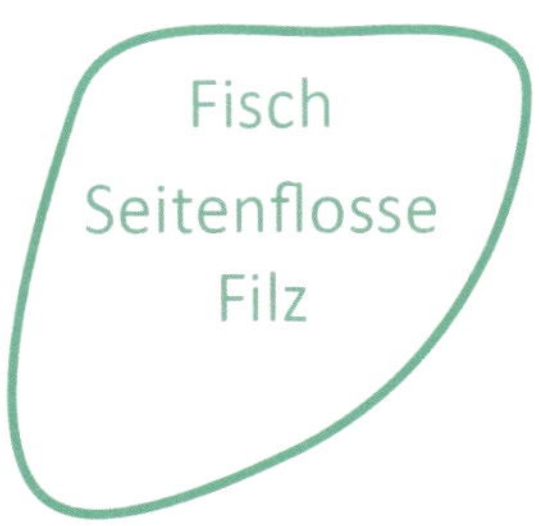

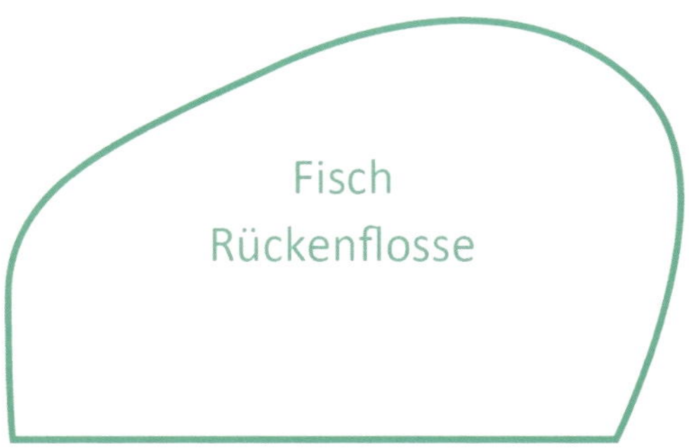

Quirlige Quallen

Schwierigkeitsgrad 1

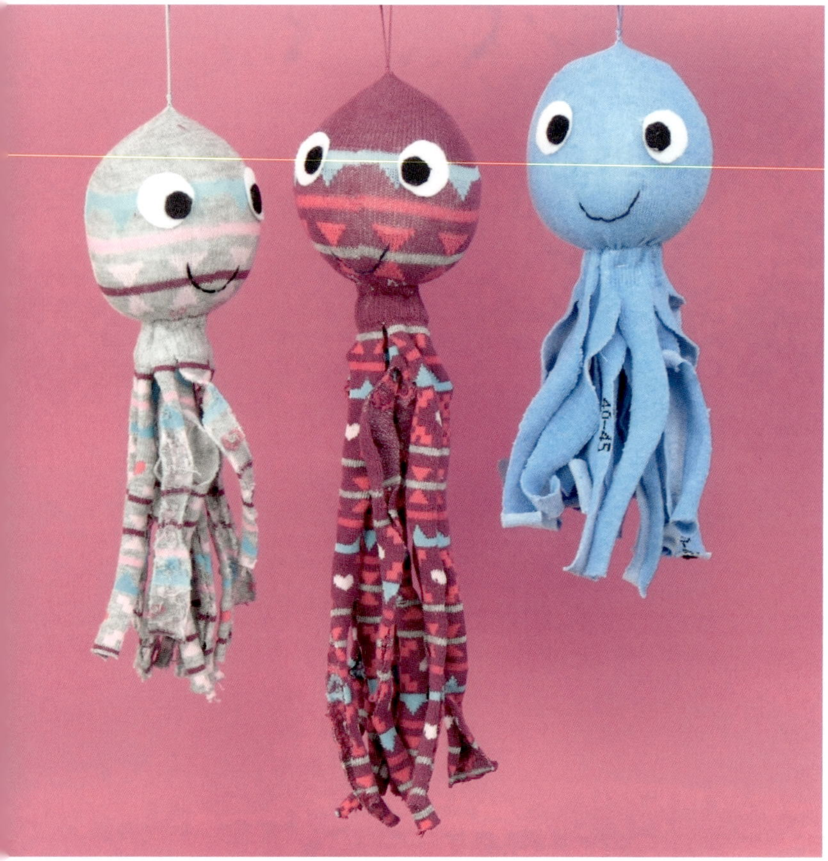

So wird's gemacht:

Abb. 1 Eine Socke nach Wunsch im Zehenspitzenbereich gut mit Füllwatte ausstopfen. Dabei formen Sie sogleich den Kopf.

An der gedachten Halslinie einen Heftstich einziehen, gut zusammenziehen, verknoten und einige Male umwickeln.

1

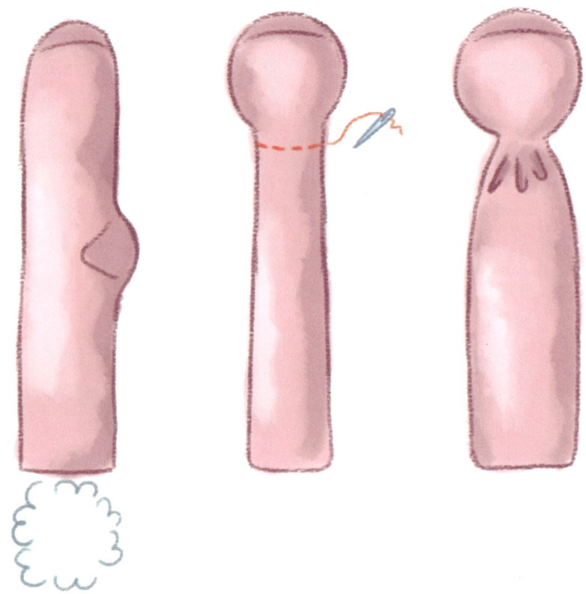

Das wird gebraucht

- Zwei bunte Socken (eher längere Socken)
- Weißer und schwarzer Filz für die Augen oder Wackelaugen
- Stickwolle für den Mund
- Füllwatte
- Textilkleber

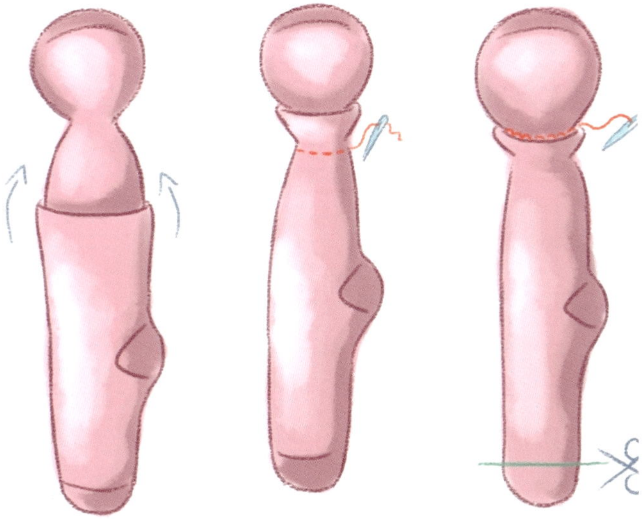

2

Abb. 2 Die zweite Socke über die erste bis zur Halslinie schieben, ebenso an der Halslinie einen Heftstich nähen und zusammenziehen. Danach das Bündchen am Kopf mit dem Leiterstich fixieren. Die Zehenspitze der zweiten Socke können Sie danach abschneiden.

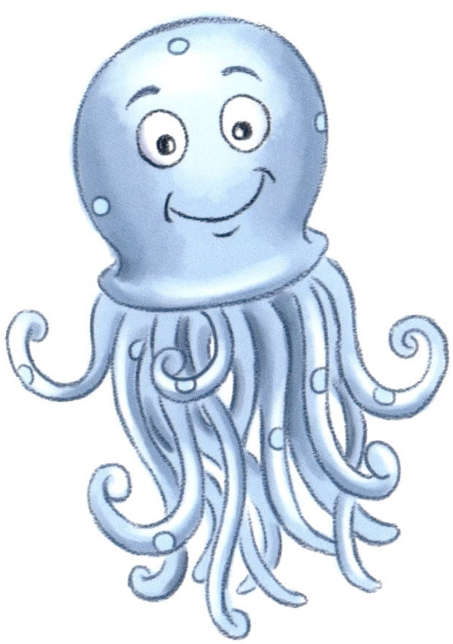

Abb. 3 Die Tentakel der Qualle einschneiden und das Gesicht gestalten. Hierfür entweder die Augen aus weißem und schwarzen Filz ausschneiden – oder Sie kleben Wackelaugen an. Den Mund mit dem Trickmarker vorzeichnen und mit Stickwolle aufnähen.

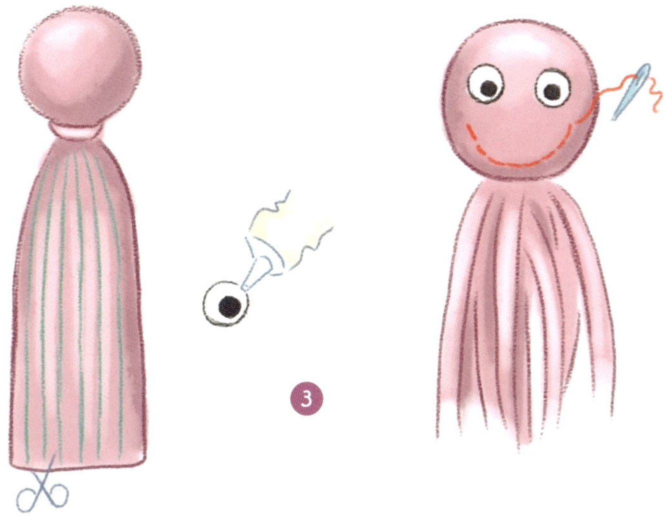

3

Abb. 4 Zuletzt knüpfen Sie noch ein farblich passendes Band oder eine Schnur an, um die Qualle aufhängen zu können.

4

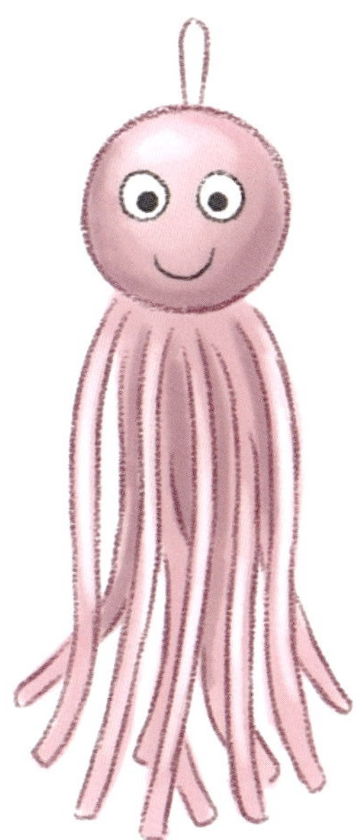

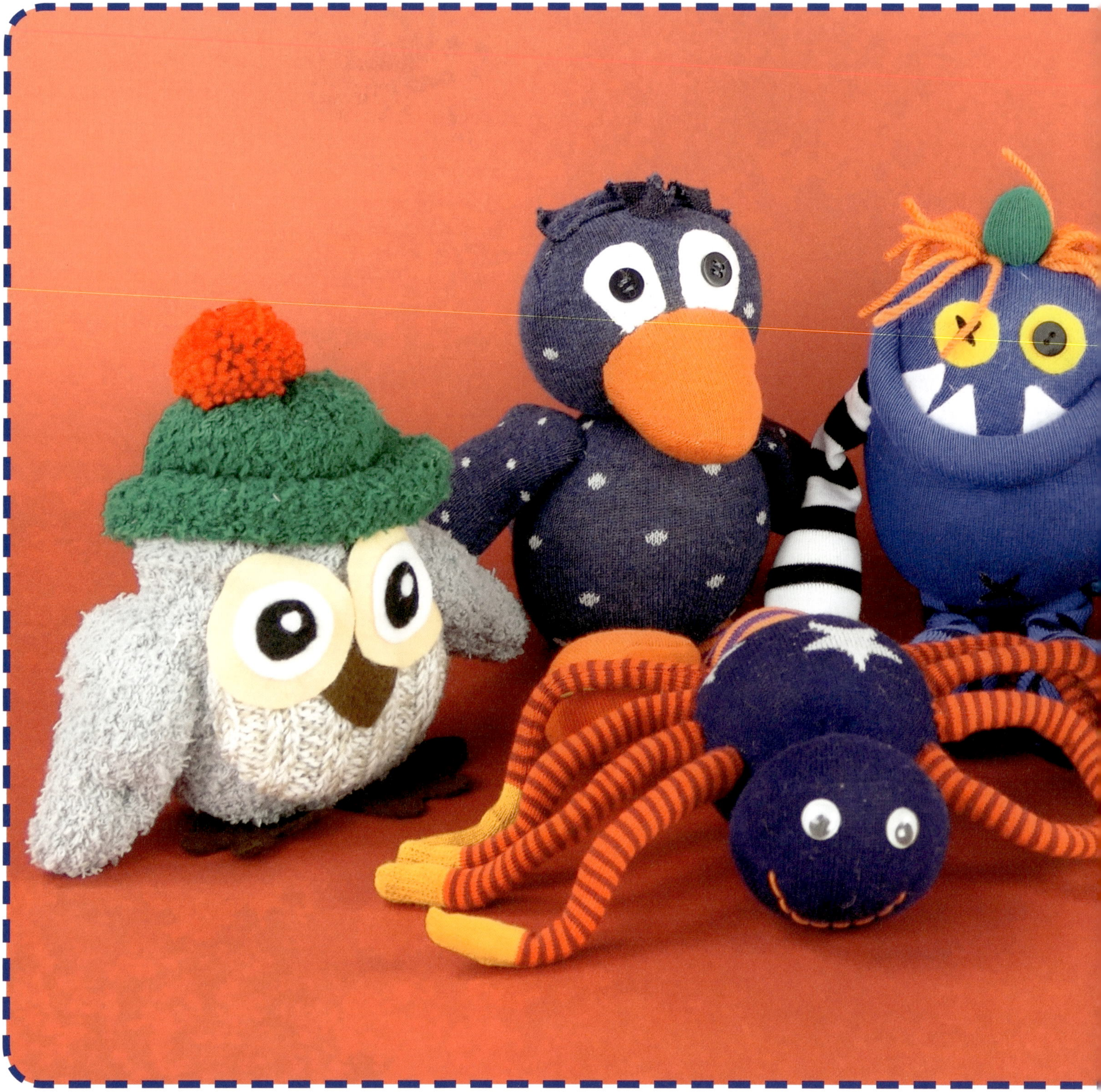

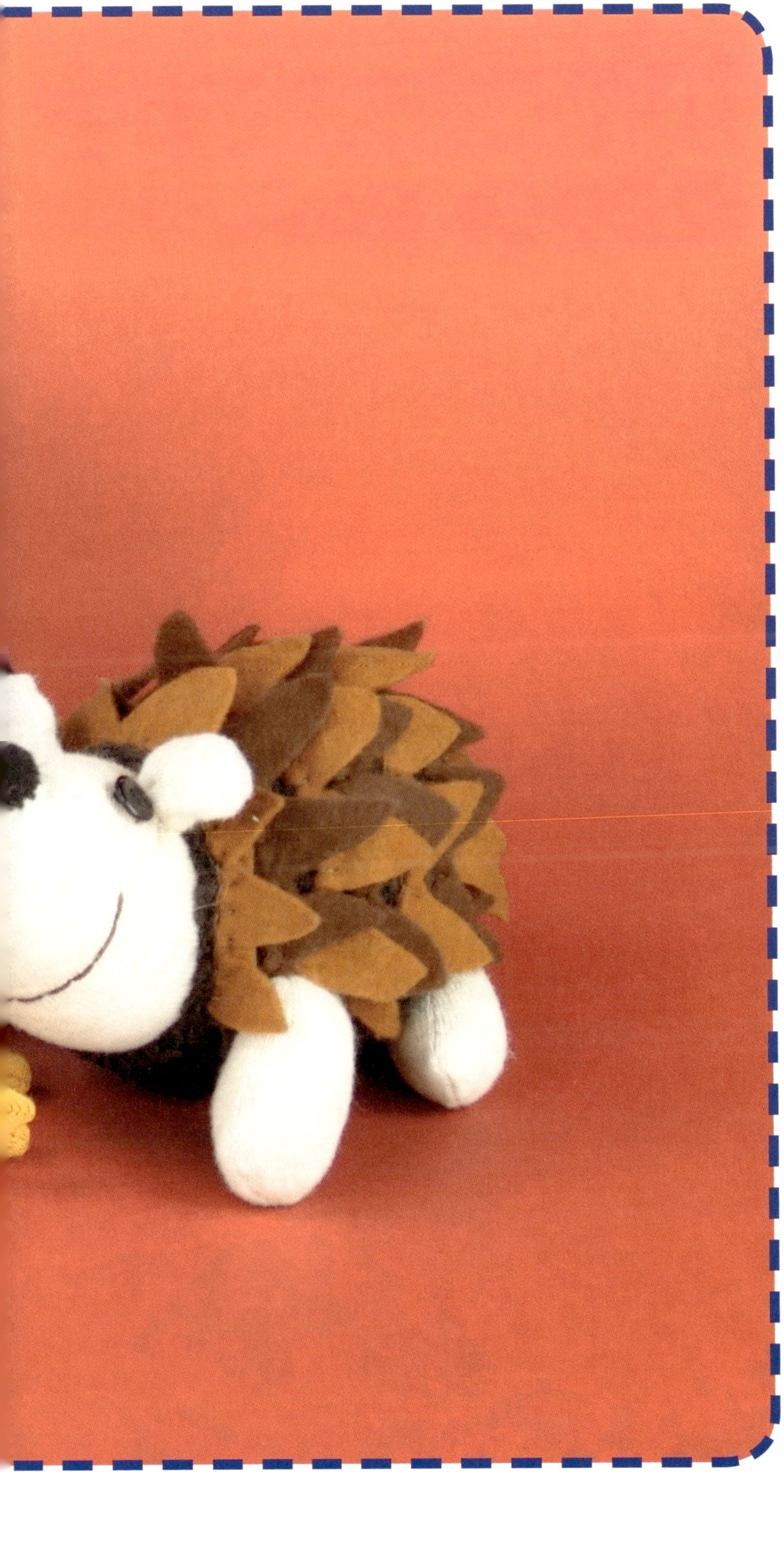

Herbst

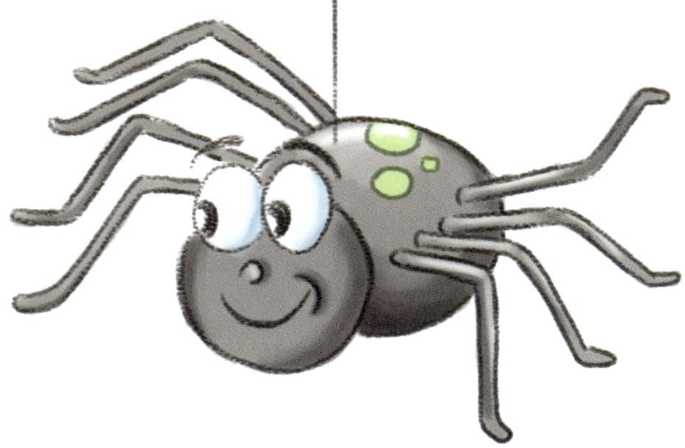

Verträumte Eulenfamilie

Schwierigkeitsgrad 2

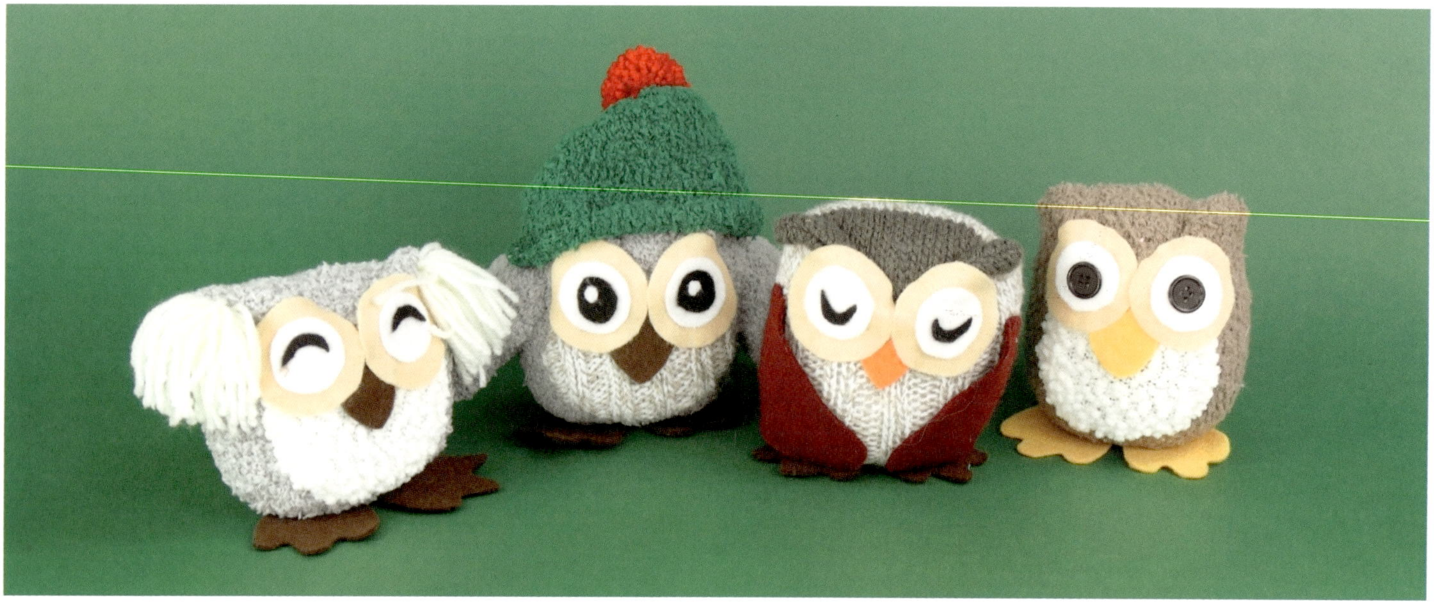

Das wird gebraucht

- Eine Kuschel- oder Stricksocke für den Körper
- Eventuell die zweite Kuschelsocke für die Flügel
- Eine hellere Kuschelsocke für den Bauch
- Socken für die Mütze
- Filz für den Schnabel, die Augen und die Füße
- Textilkleber
- Garn
- Kirschkerne und Füllwatte
- Schnittmuster auf Seite 59

So wird's gemacht:

Abb. 1 Die Kuschel- oder Stricksocke auf links wenden, oberhalb der Ferse abschneiden sowie eine Spitze unter der Zehenspitze ausschneiden. Diese bei Kuschelsocken gut versäumen und zusammennähen.

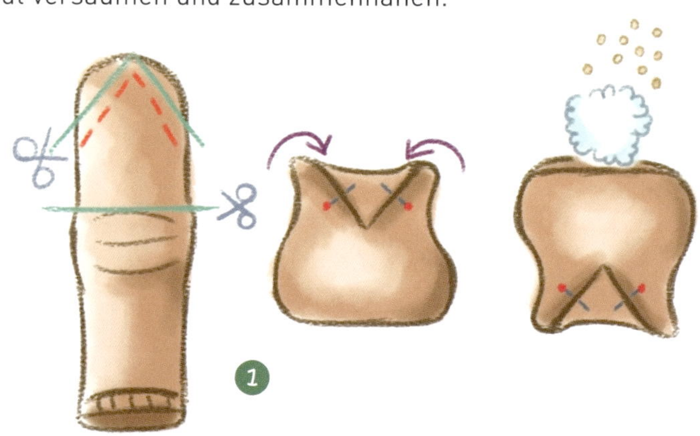

Den Socken wieder auf rechts wenden, die Spitze auf eine Seite klappen und feststecken. Den Körper nun zuerst mit Füllwatte und einer Handvoll Kirschkernen füllen, danach um die Schnittkante einen Heftstich einziehen. Die Heftnaht fest zusammenziehen, die Nahtzugabe hineinstopfen und von rechts mit dem Leiterstich schließen.

1

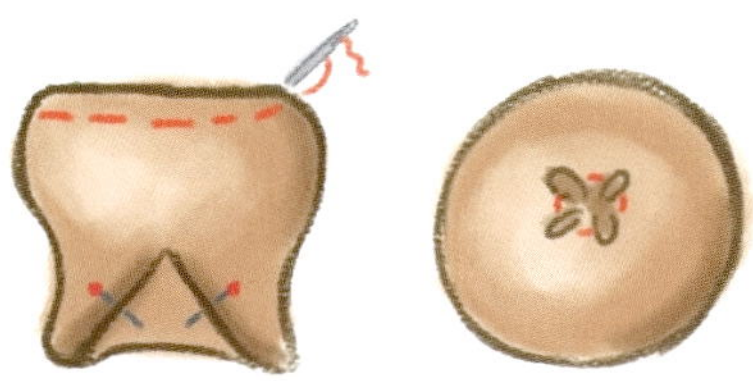

Abb. 2 Entweder Sie verwenden eine helle Socke mit einer dunklen Zehenspitze, wodurch Sie sich das Aufnähen des Bauches ersparen, oder Sie können nun den Bauch annähen. Dafür aus einer helleren Socke einen Kreis zuschneiden und diesen mit dem Leiterstich an den Körper nähen. Die Spitze der Eule steht dabei etwas über den Bauch. Danach nähen Sie mit einem Rückwärtsstich die Ohren der Eule gut fest.
Den Schnabel aus Filz laut Schnittmuster zuschneiden und mit Textilkleber an die Eule kleben.

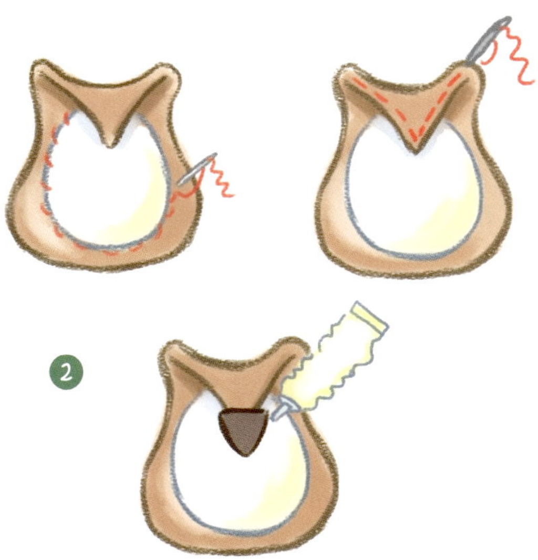

2

Abb. 3 Das äußere und innere Auge laut dem Schnittmuster aus Filz zuschneiden. Bevor Sie die Augen an der Eule anbringen, kleben Sie die Pupille auf das innere, weiße Auge. Das kann ein Knopf sein, schwarzer Filz, ein lachendes, ein schlafendes Auge – ganz nach Ihren Wünschen.

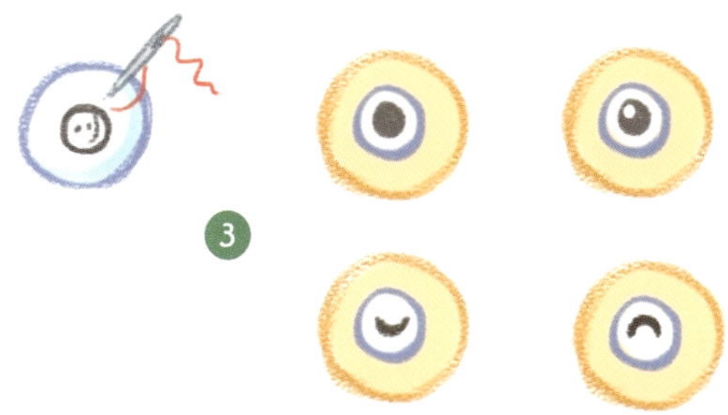

3

Abb. 4 Zuletzt noch die Füße aus Filz zuschneiden und mit dem Knopflochstich die Fersen an den Körper nähen. Somit wäre Ihre Eule fertig.

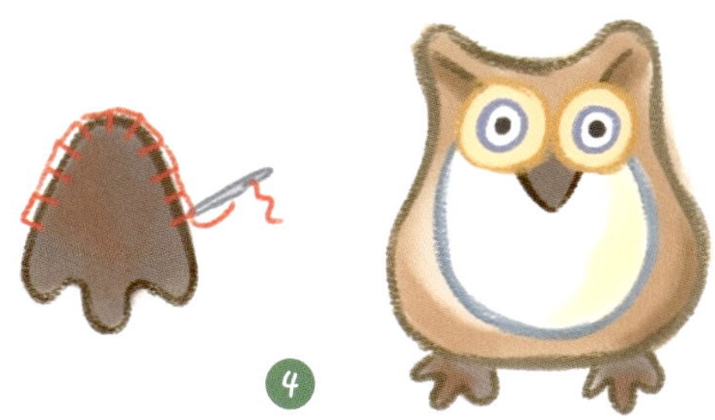

4

Verschiedene Varianten ...

...der Eulen nähen Sie wie folgt:

Abb. 5 Sie können die Flügel aus der zweiten Körpersocke zuschneiden. An den oberen Rändern gut versäubern und an den Seiten gut zusammennähen. Danach wenden, oben mit dem Leiterstich schließen und an den Körper nähen.

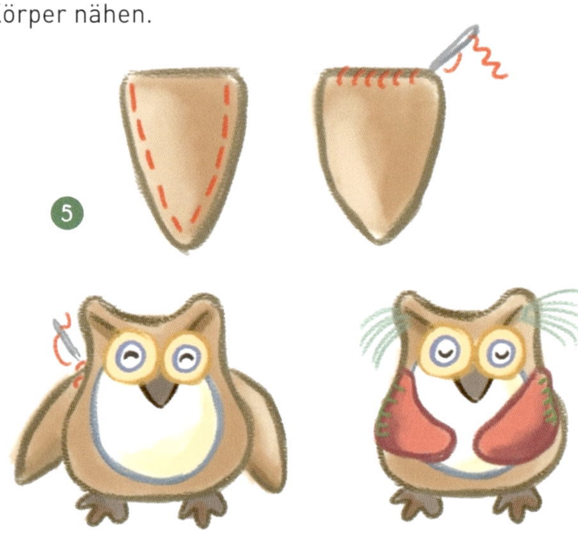

Tipp: Eine einfachere Variante ist es, die Flügel aus Filz zuzuschneiden, an den Seiten mit dem Knopflochstich anzunähen und die Spitzen mit Textilkleber an den Körper anzubringen.

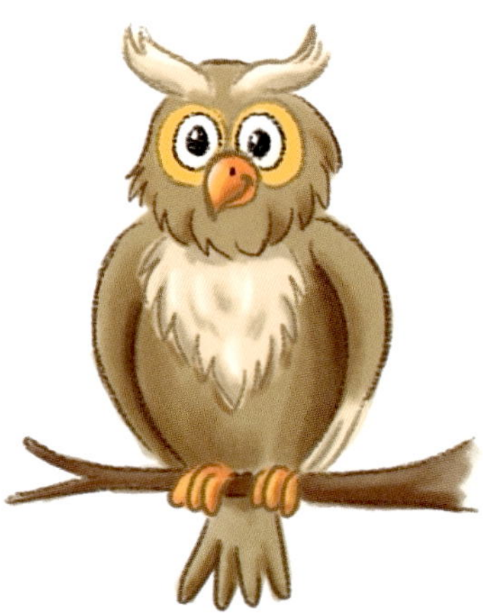

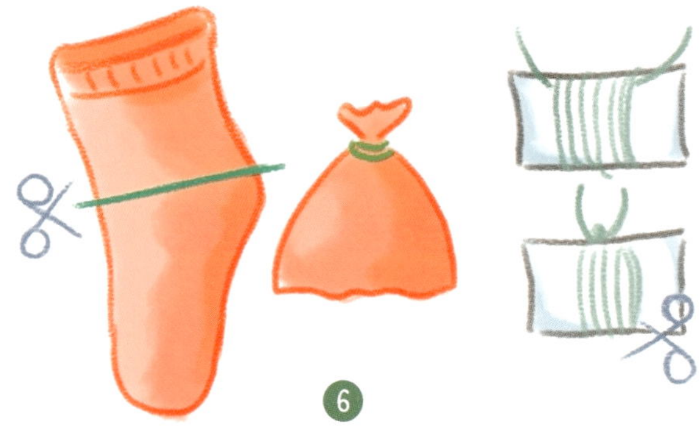

Abb. 6 Für eine Mütze schneiden Sie eine Socke oberhalb der Ferse ab. Wenden Sie sie auf links, nähen einen Heftstich, ziehen diesen zusammen und umwickeln die Schnittkante einige Male, bevor Sie gut verknoten. Nun die Mütze auf rechts wenden und eventuell noch einen Bommel annähen.

Für die Ohrquasten wickeln Sie Wolle in der gewünschten Länge um einen Karton. Danach ziehen Sie auf einer Seite einen Faden ein, verknoten diesen gut und schneiden die Wolle auf der anderen Seite durch. Mit dem verknoteten Faden nähen Sie nun die Quasten an die Ohren.

Schnittmuster Eulenfamilie

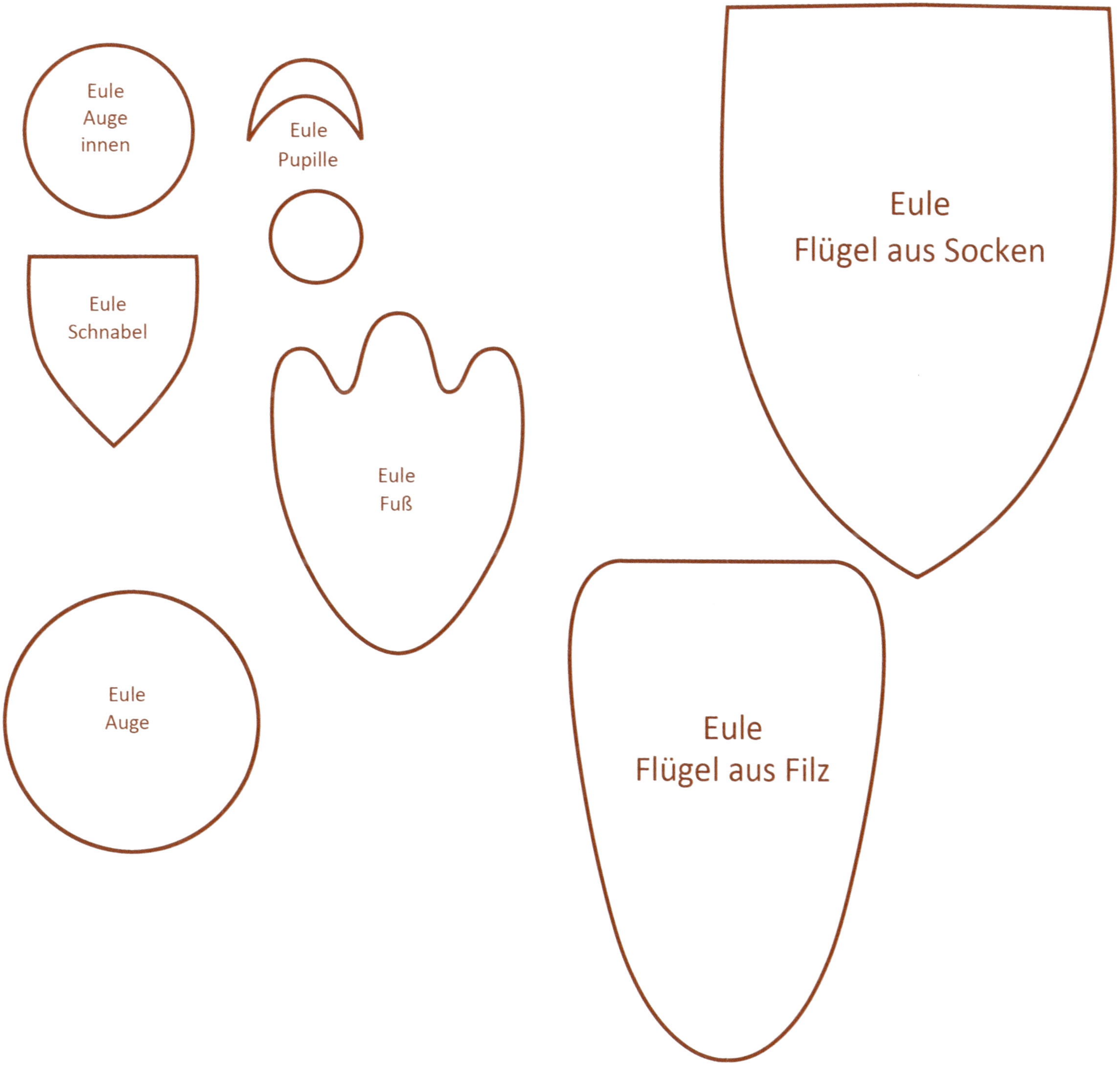

Freche Raben

Schwierigkeitsgrad 2

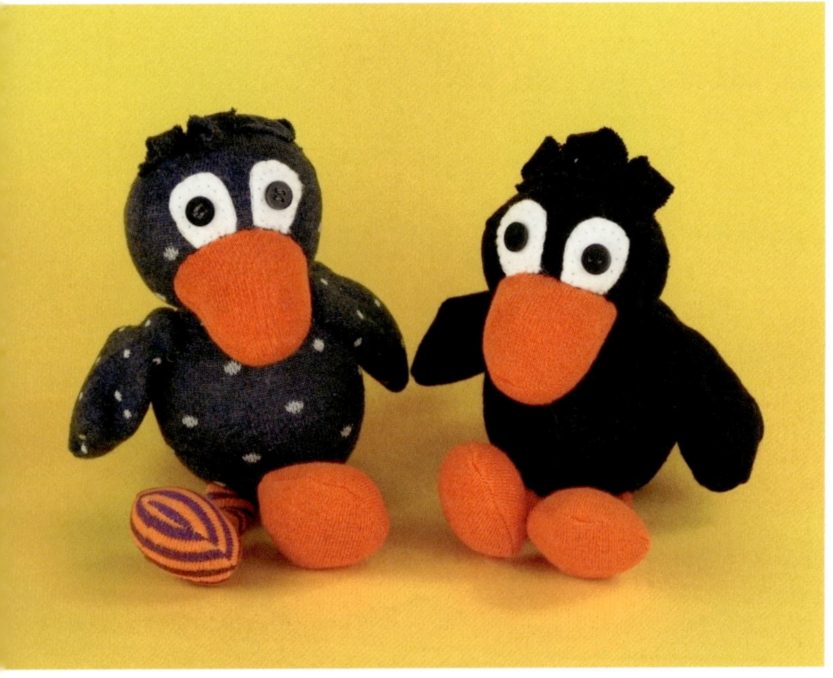

So wird's gemacht:

Abb. 1 Die erste Körpersocke knapp oberhalb der Ferse abschneiden. Gut mit Füllwatte und obenauf mit einigen Kirschkernen ausstopfen. Einen Heftstich einnähen, gut zusammenziehen, verknoten und von außen mit dem Leiterstich schließen.

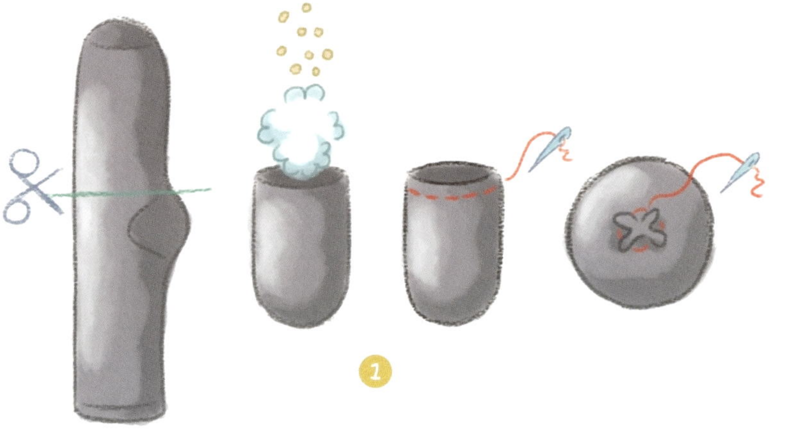

Das wird gebraucht

- Ein Paar dunkle Socken für den Körper
- Ein paar orangefarbene Socken
- Zwei schwarze Knöpfe
- Weißer Filz für die Augen
- Schneiderkreide in Weiß
- Garn in Schwarz, Weiß und Orange
- Kirschkerne und Füllwatte
- Schnittmuster auf Seite 63

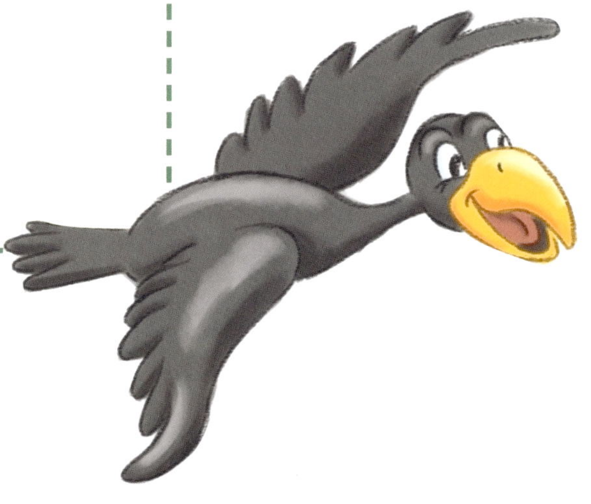

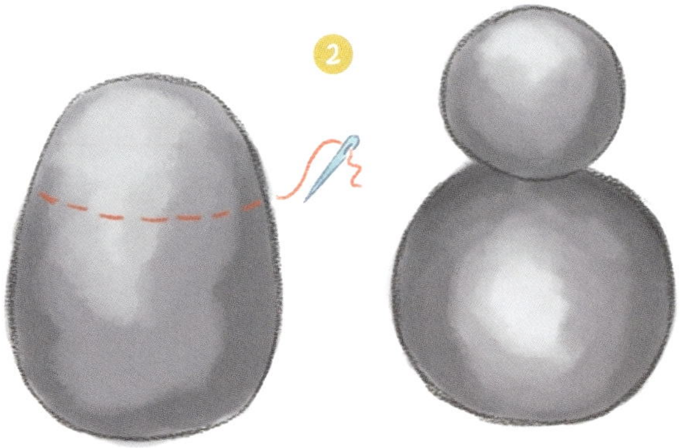

Abb. 2 An der gedachten Halslinie einen Heftstich einnähen, gut zusammenziehen, einige Male umwickeln und gut verknoten.

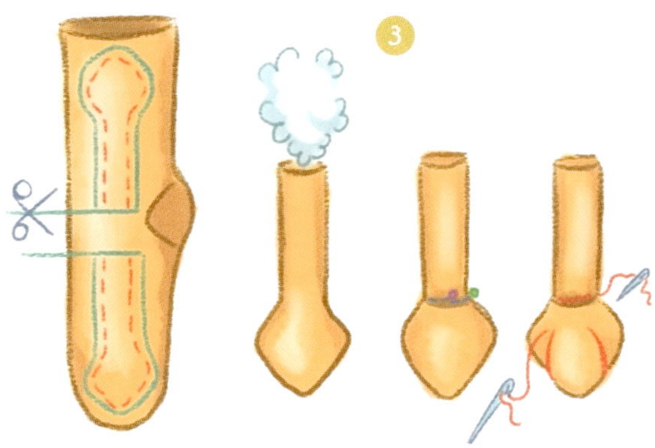

Abb. 3 Eine orangefarbene Socke auf links wenden und mit dem Trickmarker die Beine anzeichnen. Rechts auf rechts zusammennähen und anschließend mit Nahtzugabe ausschneiden. Wenden, mit Füllwatte ausstopfen, die Füße etwas nach oben biegen und mit einer Falte feststecken. Diese Falte mit dem Leiterstich festnähen.

Zuletzt die Beine mit dem Leiterstich an den Raben nähen, dabei die Schnittkante nach innen biegen.

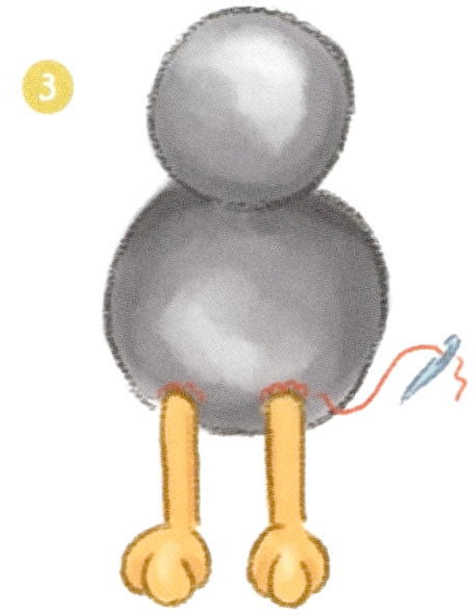

Abb. 4 Den Schnabel auf die zweite orangefarbene Socke zeichnen, rechts auf rechts zusammennähen, wenden und mit Füllwatte ausstopfen. Mit dem Leiterstich an den Kopf des Raben nähen und dabei die Schnittkante nach innen biegen.

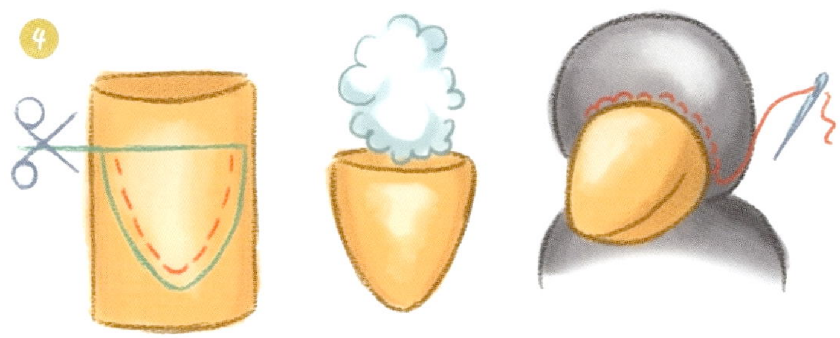

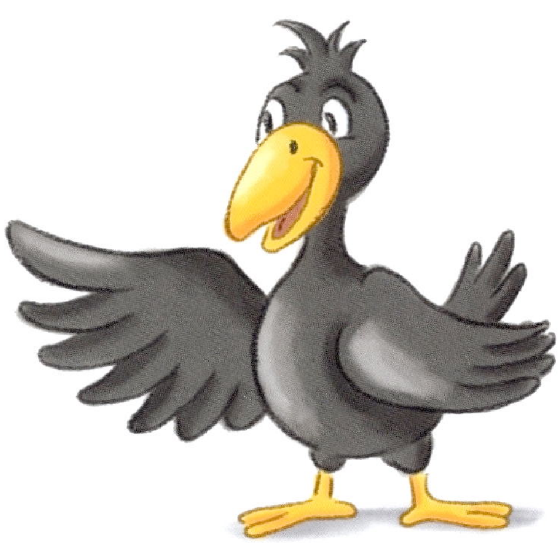

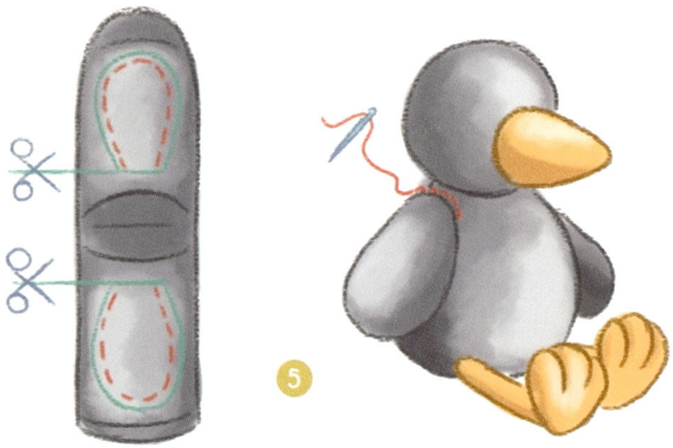

Abb. 5 Die zweite schwarze Socke auf links wenden und die Flügel mit weißer Schneidekreide anzeichnen. Zusammennähen, wenden und nur in den Spitzen mit Füllwatte ausstopfen. Mit dem Leiterstich seitlich an den Körper des Raben nähen, dabei die Schnittkante nach innen biegen.

Abb. 6 Den Schwanz aus dem verbliebenen Stück der ersten schwarzen Socke nähen. Dafür rechts auf rechts zusammennähen, wenden und mit Füllwatte ausstopfen. Mit dem Leiterstich rückwärtig an den Raben nähen, dabei die Schnittkante wie gewohnt nach innen biegen.

Abb. 7 Zuletzt schneiden Sie aus weißem Filz die Augen zu, nähen die Pupillen mit Knöpfen an und bringen die Augen mit dem Knopflochstich an den Raben. Die Kopf-Federn aus dem verbliebenen Fersenstück der schwarzen Socke etwas wild zuschneiden. Die Schnittkante umbiegen und mit dem Rückwärtsstich an den Kopf nähen.

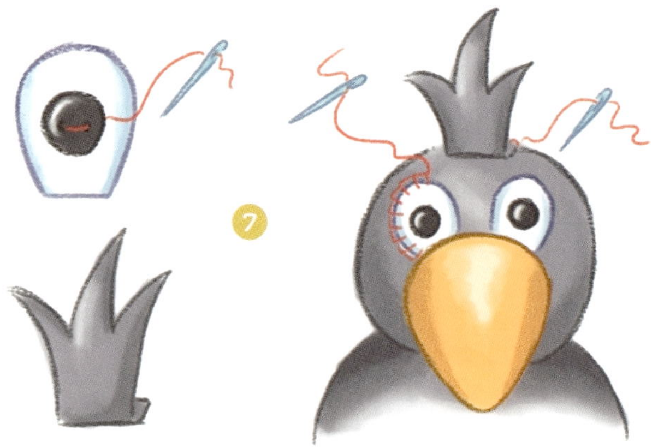

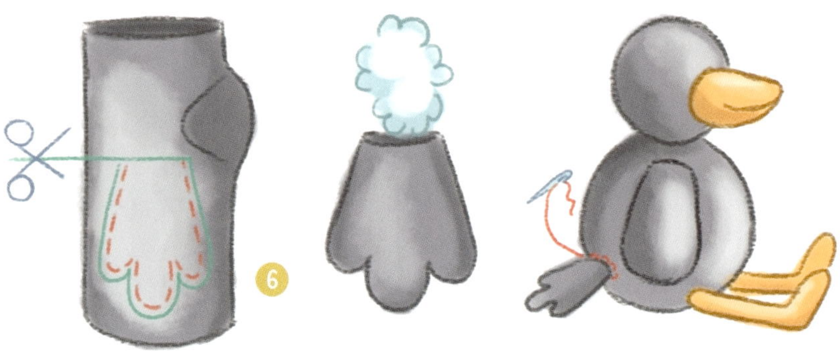

Schnittmuster Raben

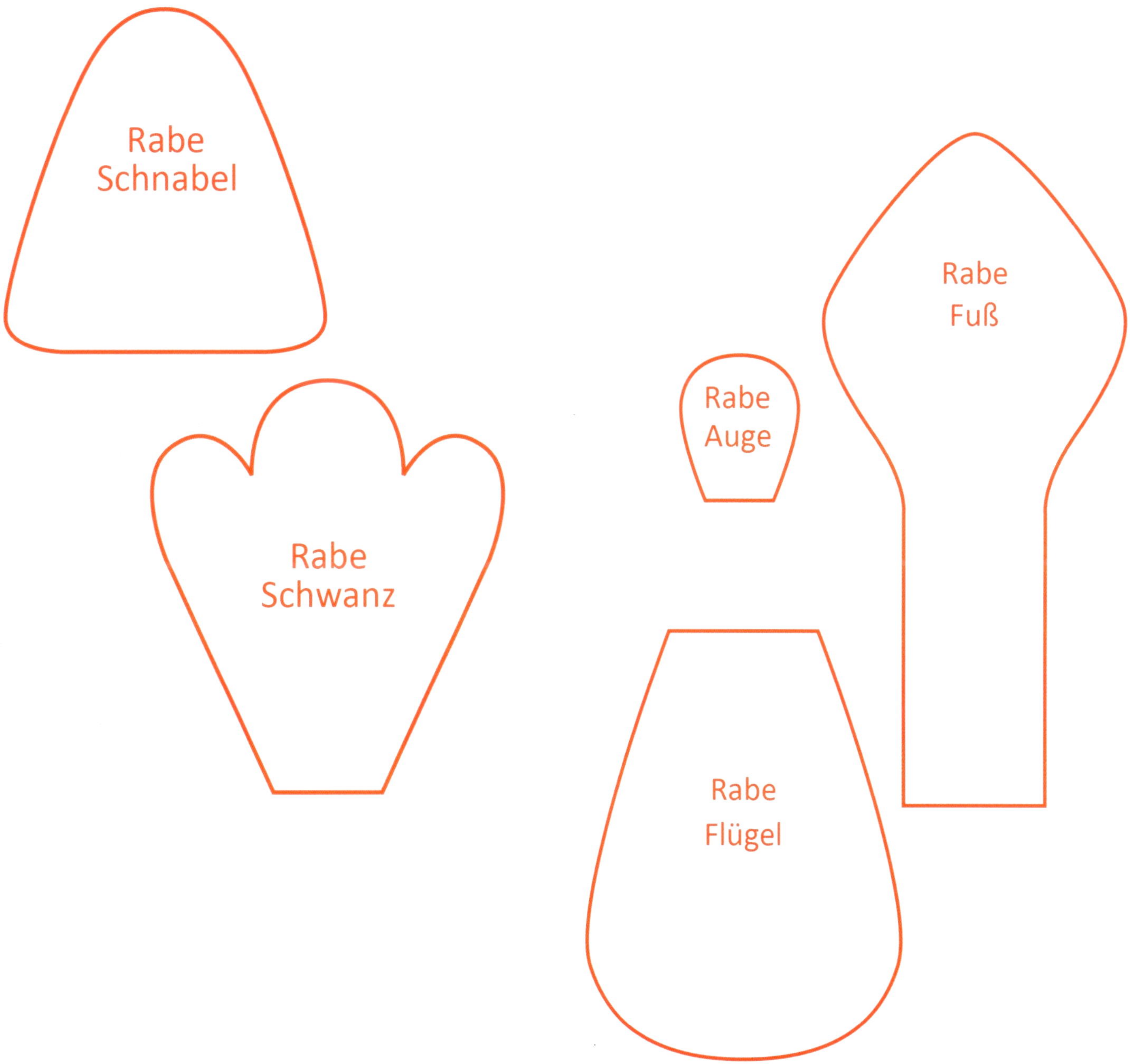

Flotte Igel

Schwierigkeitsgrad 2

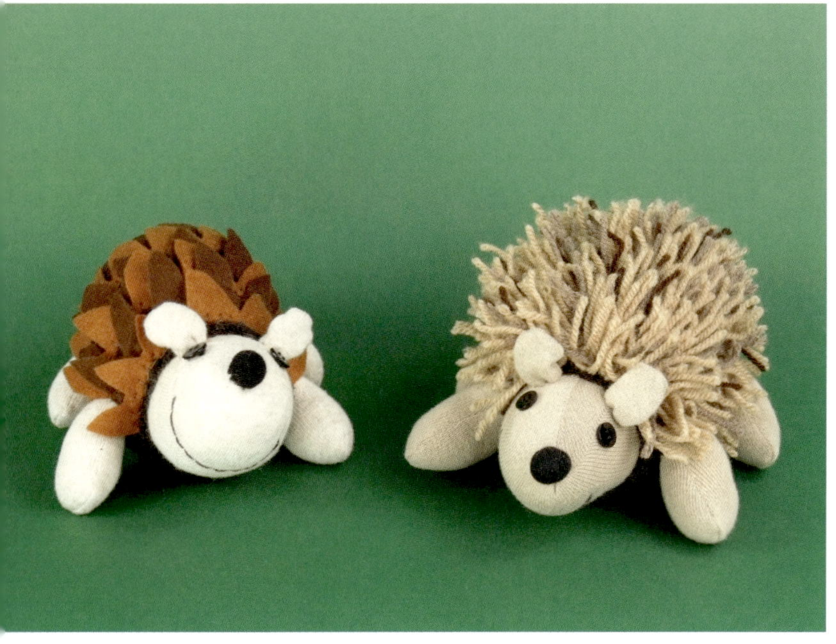

So wird's gemacht:

Abb. 1 Eine beige Socke knapp unterhalb der Ferse abschneiden. Die Nase des Igels nähen. Dafür den Socken auf links wenden und so falten, dass die Zehennaht genau mittig aufeinanderliegt. Mit einem Trickmarker laut Schnittmuster „Naht für Igelkörper" die Naht markieren und abnähen. Schneiden Sie etwa 1 cm oberhalb der Naht den Körper zu.

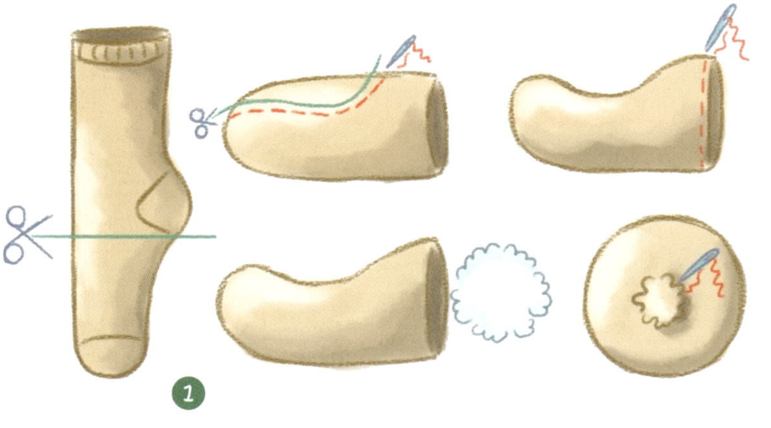

Den Socken nun auf rechts wenden, mit Füllwatte ausstopfen und am offenen Ende einen Heftstich nähen. Gut zusammenziehen, die Schnittkante hineinstopfen und von außen mit dem Leiterstich schließen.

Das wird gebraucht

- Ein Paar beige Socken
- Eine dunkelbraune Kuschelsocke
- Ein kleines Stück schwarzer Sockenrest
- Festes Garn in passender Farbe
- Schwarze Knöpfe
- Schwarzes Stickgarn
- Wolle oder Filz in unterschiedlichen Brauntönen
- Füllwatte
- Trickmarker
- Schnittmuster auf Seite 67

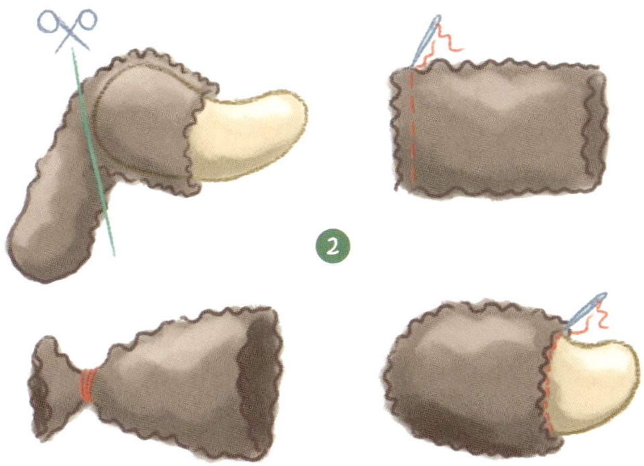

2

Abb. 2 Nehmen Sie die dunkelbraune Kuschelsocke und stülpen Sie sie über den Igelkörper, um Maß zu nehmen. Etwa 1 cm hinter dem Körper die Kuschelsocke abschneiden, auf links wenden und einen Heftstich einziehen. Ein paarmal umwickeln, gut verknoten und wieder auf rechts wenden. Zuletzt fixieren Sie die Kuschelsocke mit einem Leiterstich am Körper. Dabei die Schnittkante jeweils nach innen biegen.

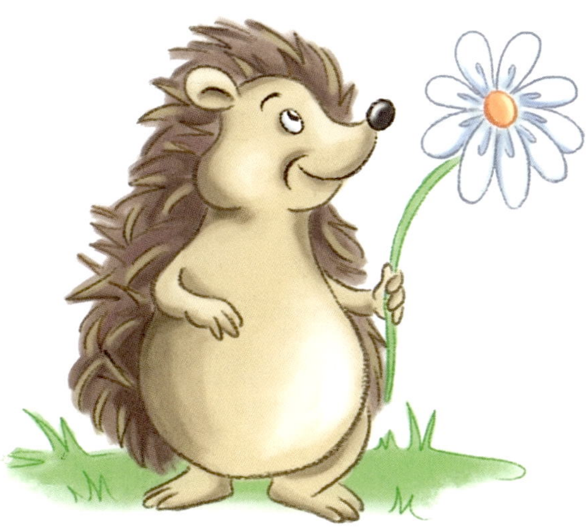

Abb. 3 Nähen Sie Augen aus schwarzen Knöpfen an und sticken mit einem Rückwärtsstich den Mund auf den Igelkopf. Dabei können Sie sich eventuell an der Zehennaht orientieren. Für die Nase einen Kreis aus einer schwarzen Socke zuschneiden. Etwa 1 cm vom Rand entfernt einen Heftstich einziehen. Mit Füllwatte ausstopfen, ein paarmal umwickeln und verknoten. Danach die Nase an den Igel nähen und dabei die Schnittkante nach innen biegen.

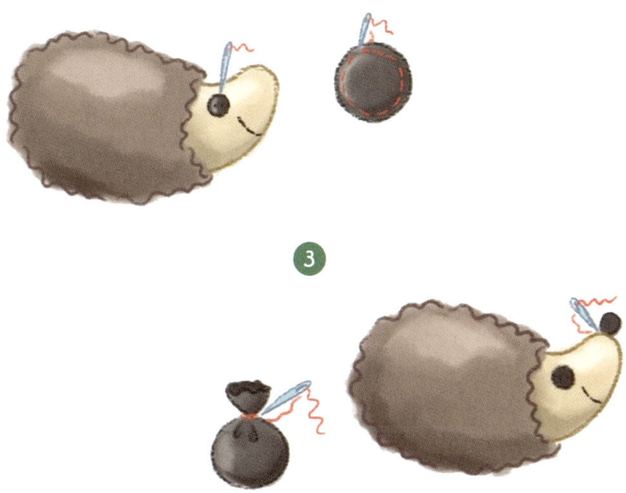

3

Abb. 4 Aus dem Rest der beigen Socke die Ohren doppellagig rechts auf rechts zuschneiden und zusammennähen. Dabei die untere Kanten offen lassen. Wenden und mit dem Leiterstich an den Igelkopf nähen. Dabei die Schnittkante nach innen biegen und ganz nach Geschmack eine Ohrfalte einarbeiten.

4

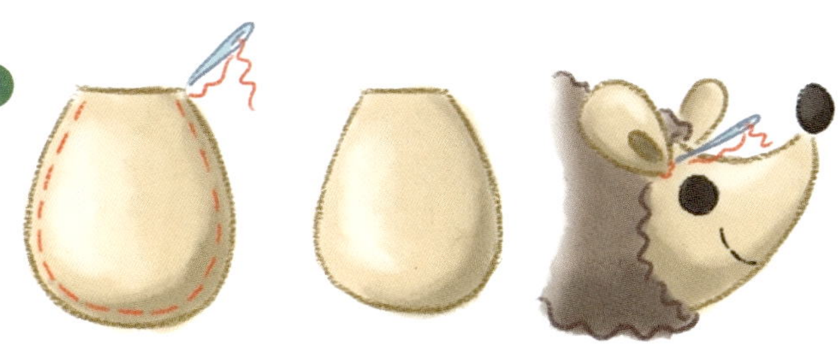

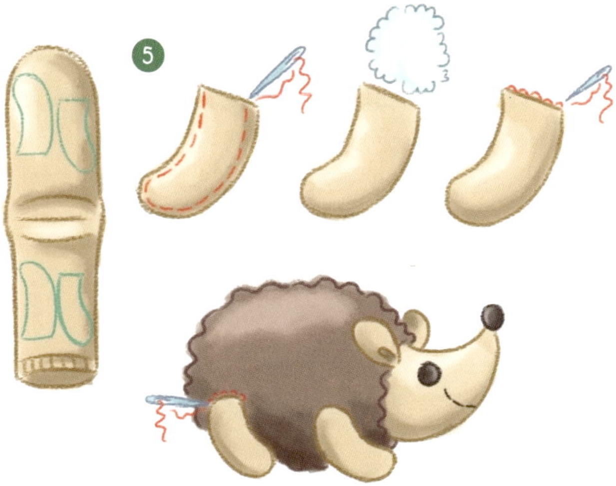

Abb. 5 Nun die zweite beige Socke auf links wenden und so vor sich legen, dass die Ferse flach oben liegt. Zeichnen Sie mit dem Trickmarker die Igelbeine an und nähen diese zusammen. Dabei die obere Kante unbenäht lassen. Mit einer Nahtzugabe ausschneiden.
Die vier Beine auf rechts wenden, mit Füllwatte ausstopfen, die Schnittkante hineinbiegen und mit dem Leiterstich schließen. Anschließend gut am Körper fest stecken und mit dem Leiterstich annähen.
Wenn Sie möchten, ist Ihr Igel hier fertig. Sie können ihm aber mit etwas Zeitaufwand noch mehr Stacheln verleihen.

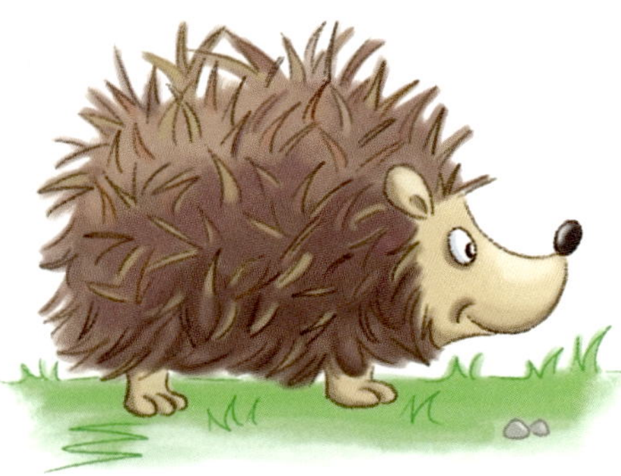

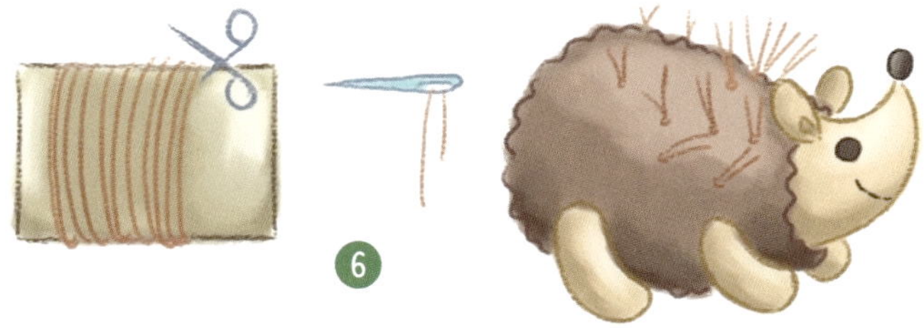

Abb. 6 Schneiden Sie verschiedene braune Wollreste zu. Dafür einen Karton mit etwa 4 cm Höhe vorbereiten, mit Wolle umwickeln und an einer Seite durchschneiden. Jeweils mit einer Nadel die Fäden einziehen und verknoten.

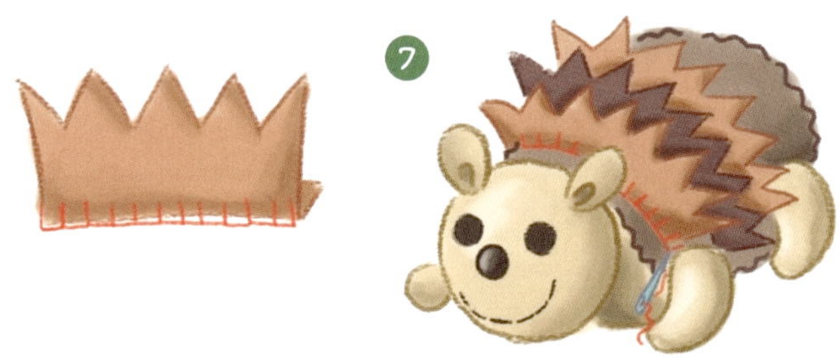

Abb. 7 Alternativ können Sie auch Stacheln aus braunen Filztönen annähen. Die Zacken zuschneiden, eine Nahtzugabe umbiegen und mit dem Knopflochstich an den Körper nähen.

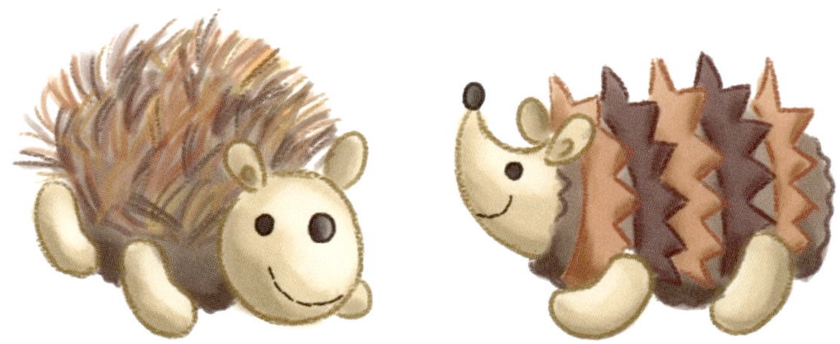

Schnittmuster Igel

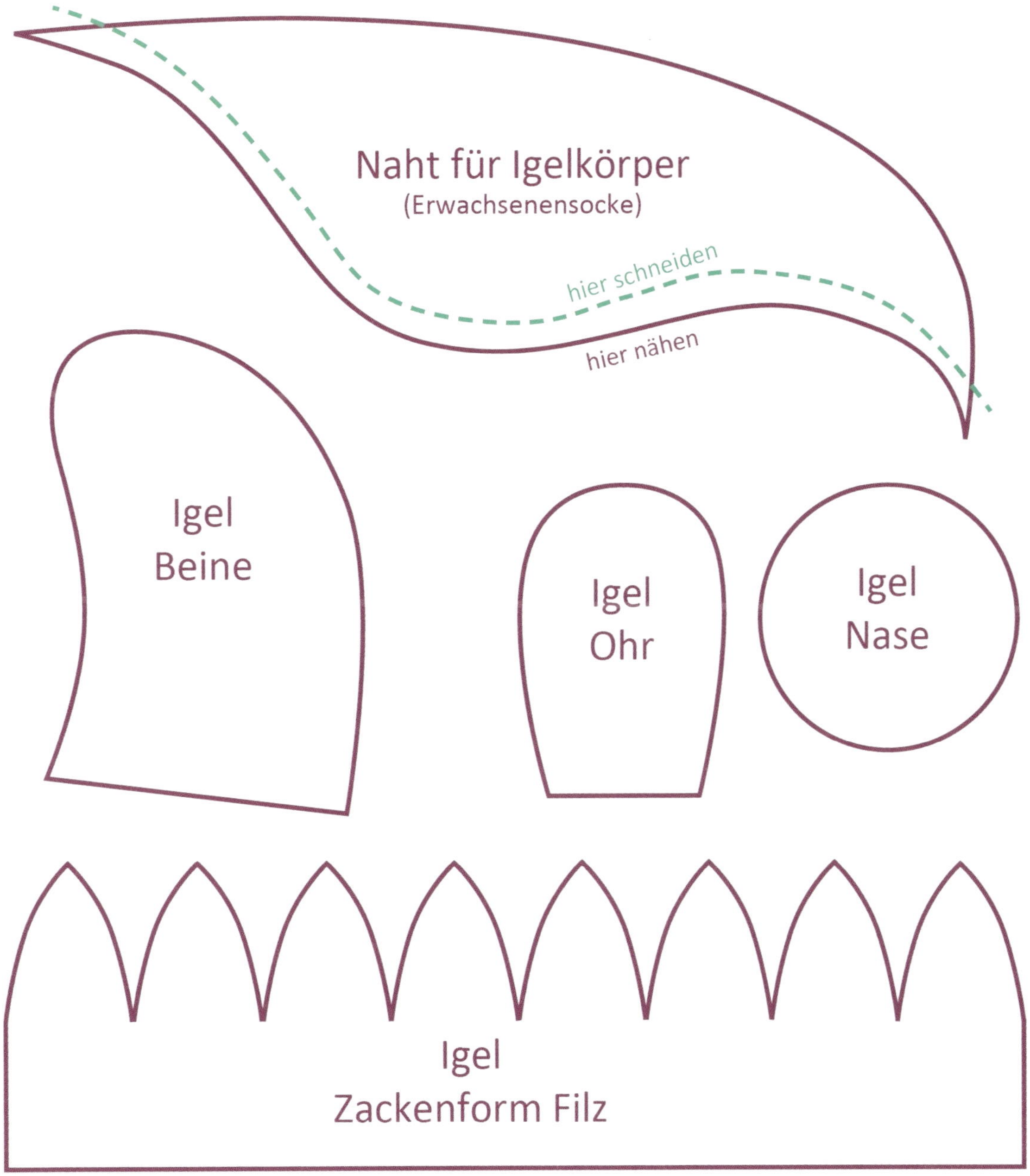

Freundliche Spinnen

Schwierigkeitsgrad 3

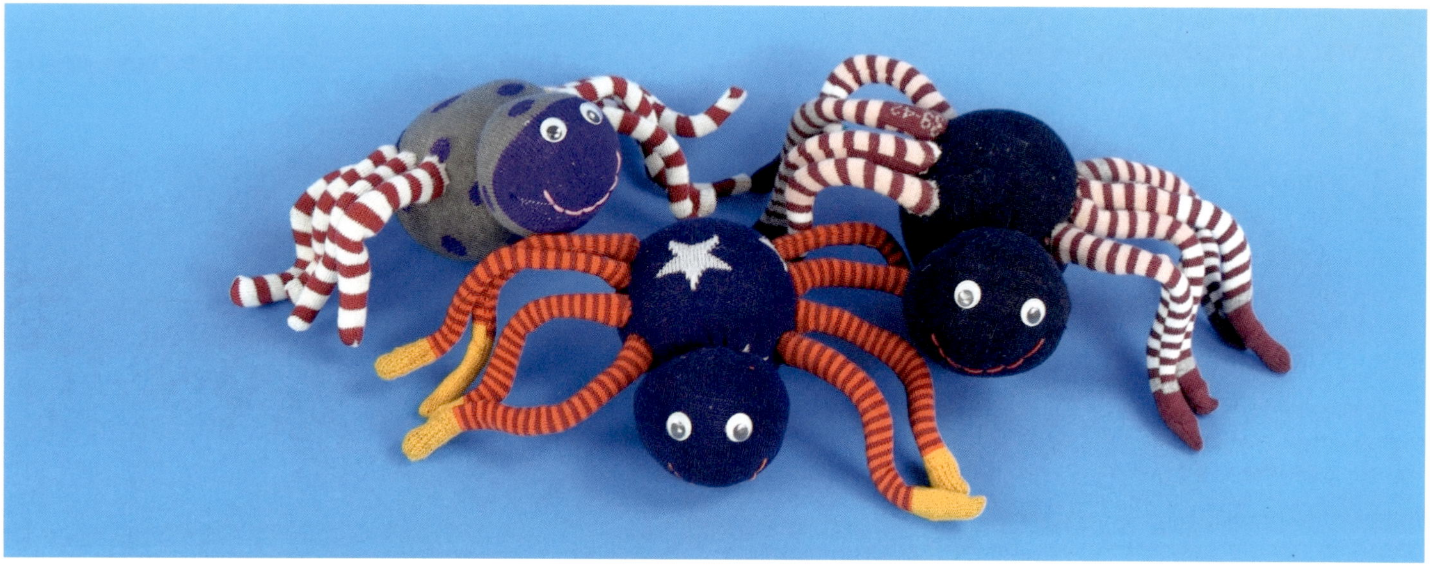

Das wird gebraucht

- Eine dunkle Socke für den Körper
- Eine bunte Socke (wenn möglich Kniesocken oder Strümpfe) für die Beine
- Zwei Wackelaugen
- Buntes Stickgarn
- Farblich passendes Garn
- 4 Stück Chenilledraht
- Eine Bastelschere für den Chenilledraht
- Textilkleber
- Trickmarker
- Füllwatte

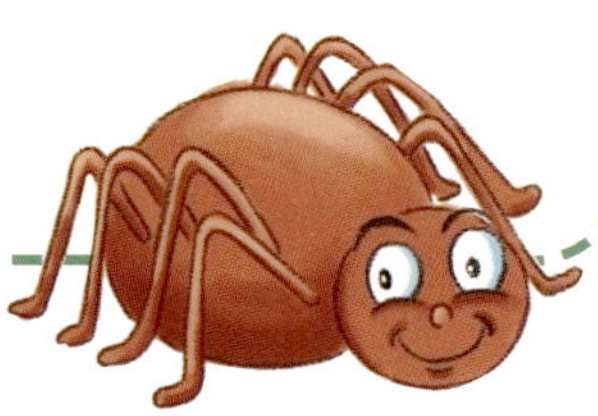

So wird's gemacht:

Abb. 1 Die Socke für den Spinnenkörper oberhalb der Ferse abschneiden. Das Zehenstück gut mit Watte füllen, einen Heftstich nähen und gut zusammenziehen. Anschließend die Schnittkante nach innen stülpen und von außen mit dem Leiterstich schließen.

1

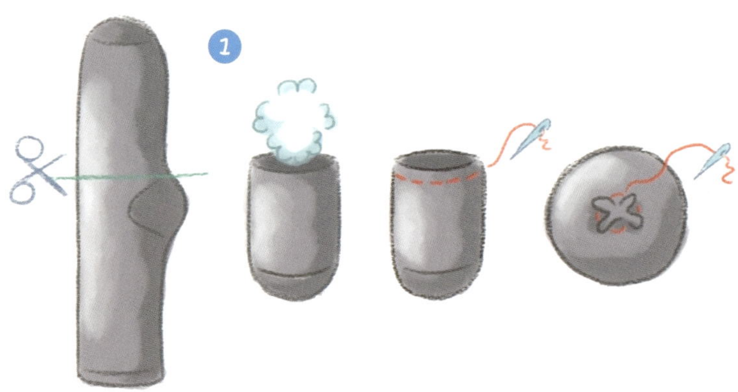

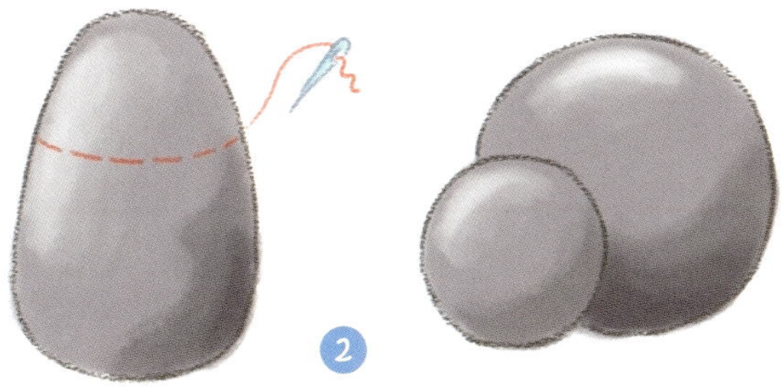

2

Abb. 2 Mit den Händen den Kopf formen und an der gedachten Halslinie einen Heftstich nähen. Gut zusammenziehen, einige Male umwickeln und verknoten. Somit haben Sie den Körper der Spinne bereits genäht.

Abb. 3 Die bunte Socke jeweils ober- und unterhalb des Fersenstückes abschneiden. Danach schneiden Sie beide Teile seitlich auf, um sie aufklappen zu können. Biegen Sie jeweils etwa 2,5 cm rechts auf rechts um und nähen bei ca. 1,5 cm das Bein. Diesen Vorgang wiederholen Sie dreimal.

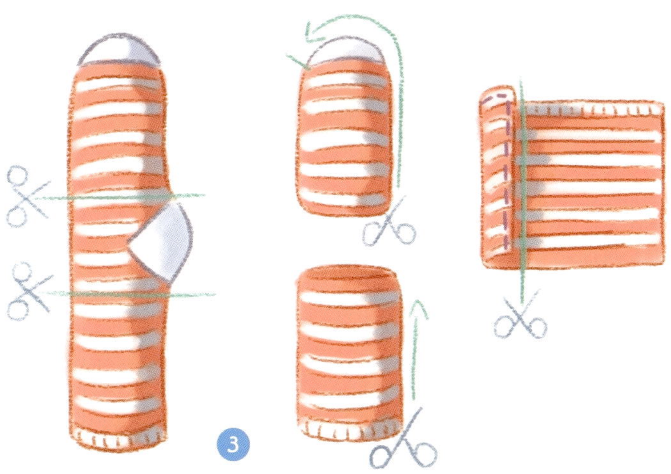

3

Abb. 4 Die acht Beine auf rechts wenden, das Ende eines Chenilledrahtes etwas nach oben biegen und umwickeln. Den Draht vorsichtig in das Bein der Spinne stecken und etwa 3 cm oberhalb der Öffnung abschneiden. Das obere Ende ebenfalls umwickeln, damit keine spitzen Drahtstücke abstehen.

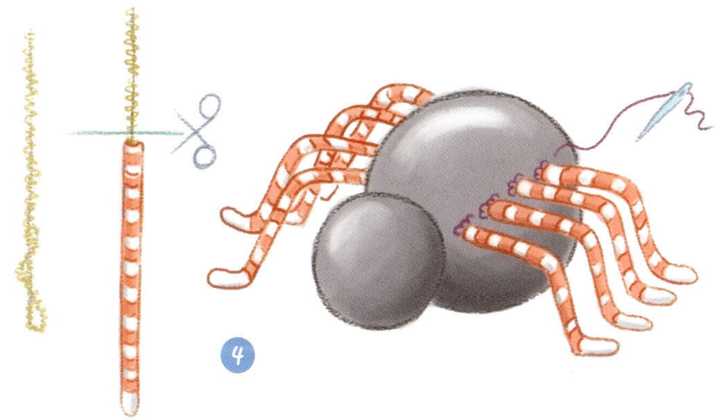

4

Nun die Schnittkanten der Beine nach innen biegen und an den Spinnenkörper stecken. Rundum mit dem Leiterstich annähen. Dabei können Sie jeweils nur beim ersten und vierten Spinnenbein verknoten.

Abb. 5 Zuletzt noch die Wackelaugen mit einem Textilkleber anbringen, mit einem Trickmarker den Mund vorzeichnen und ihn mit kontrastfarbener Stickwolle mit dem Rückwärtsstich aufnähen.

5

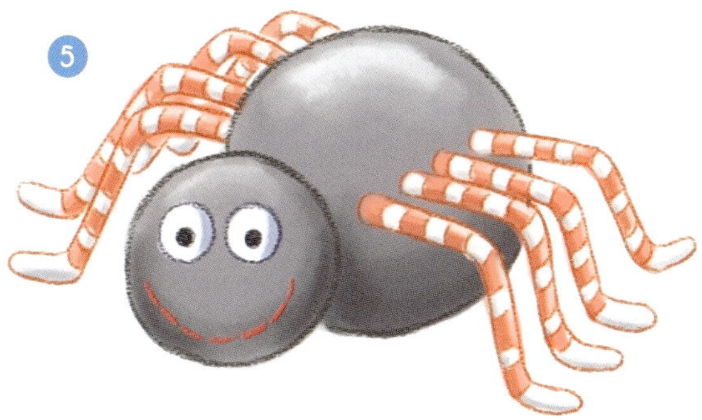

Kleine Geister

Schwierigkeitsgrad 1

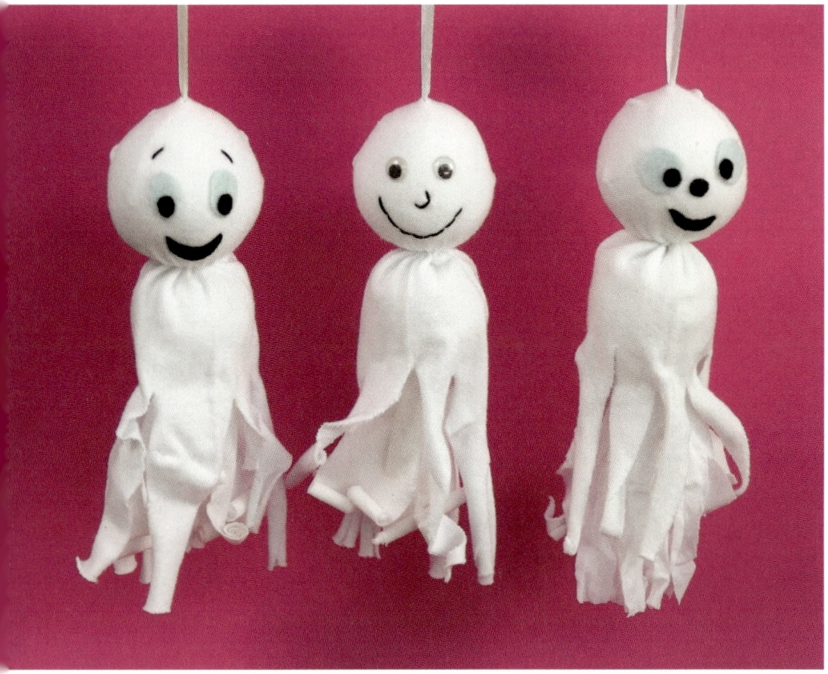

Das wird gebraucht

- Eine dünne Strumpfhose in Weiß
- Eine Socke in Weiß
- Wackelaugen oder Filz
- Füllwatte
- Textilkleber

So wird's gemacht:

Abb. 1 Die dünne Strumpfhose ca. 25 cm von der Zehenspitze entfernt abschneiden. Mit Watte füllen und den Kopf formen. Unterhalb der gedachten Halslinie rundum einen Heftstich nähen, zusammenziehen, einige Male umwickeln und gut verknoten.

1

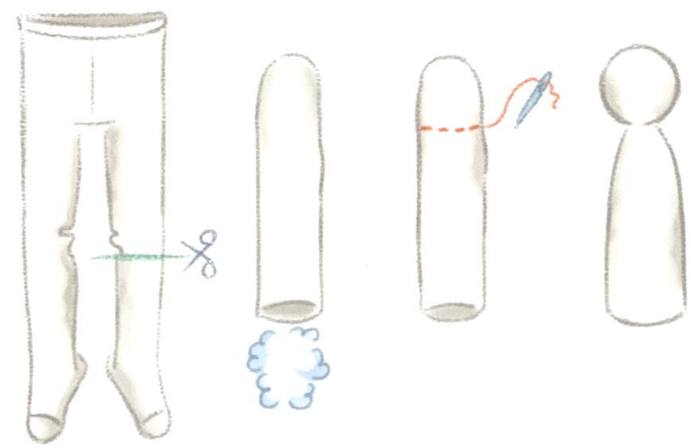

Abb. 2 Anschließend unterhalb des Kopfes wieder mit Füllwatte ausstopfen und eine kleinere Kugel formen. Darunter genauso wie beim Kopf einen Heftstich nähen, zusammenziehen und umwickeln.

2

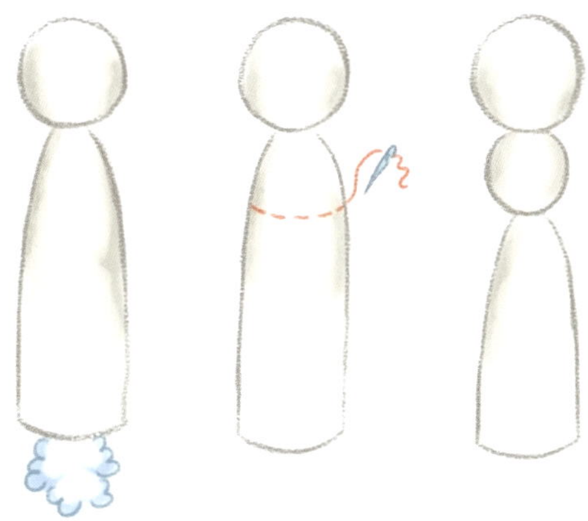

Abb. 3 Die weiße Socke oberhalb des Bündchens abschneiden und über den genähten Körper stülpen. An der Halslinie nähen Sie wieder einen Heftstich, ziehen ihn zusammen und umwickeln einige Male.

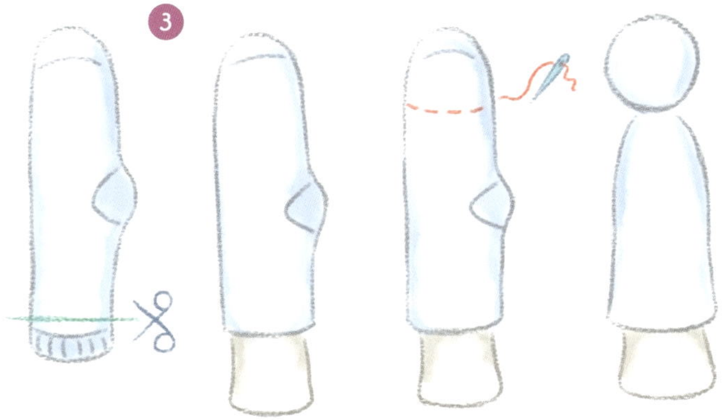

Abb. 4 Schneiden Sie beide Socken bis knapp unterhalb des Körpers ein. Gerne auch etwas unregelmäßig und mit Zacken. Gestalten Sie die Gesichter ganz nach Wunsch. Kleben Sie Wackelaugen an, sticken Sie Münder auf. Natürlich können Sie Augen und Nasen auch aus Filz ankleben.

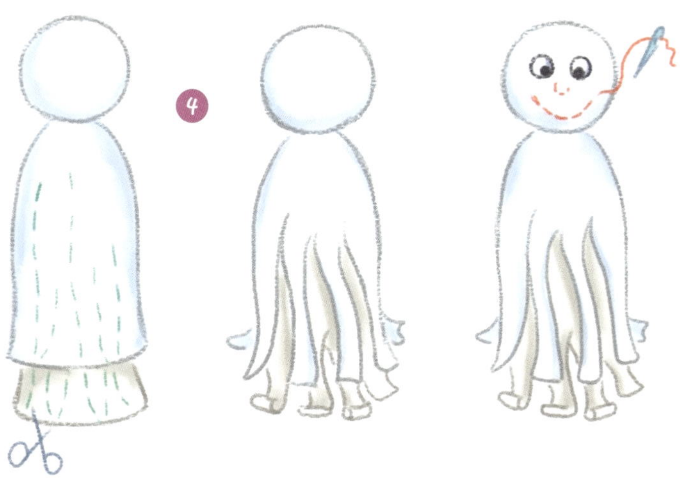

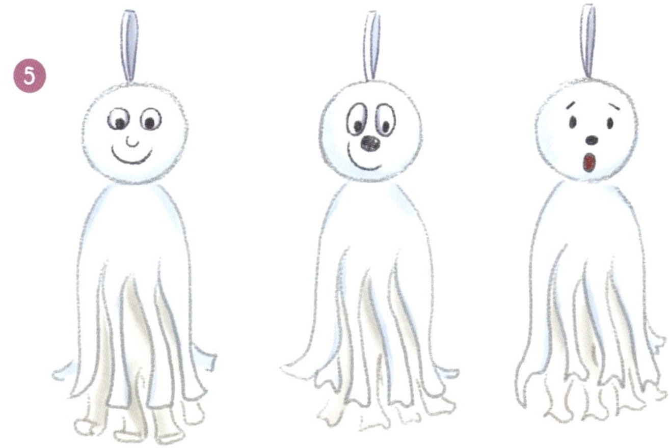

Abb. 5 Mit einer Nadel am Kopf weiße Bänder einziehen und verknüpfen. So können Sie die Geister aufhängen.

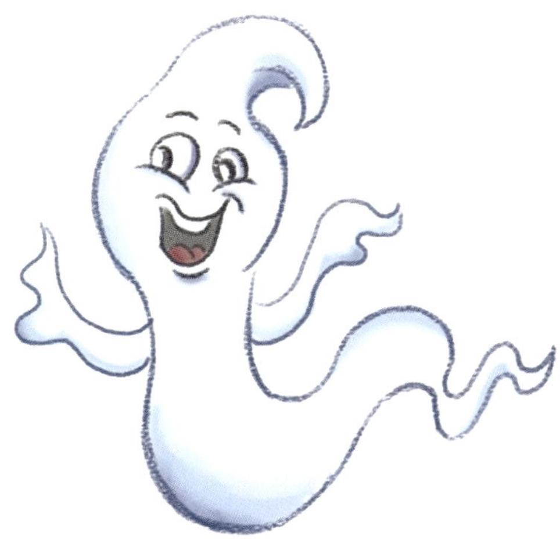

Gruselige Monster

Schwierigkeitsgrad 2

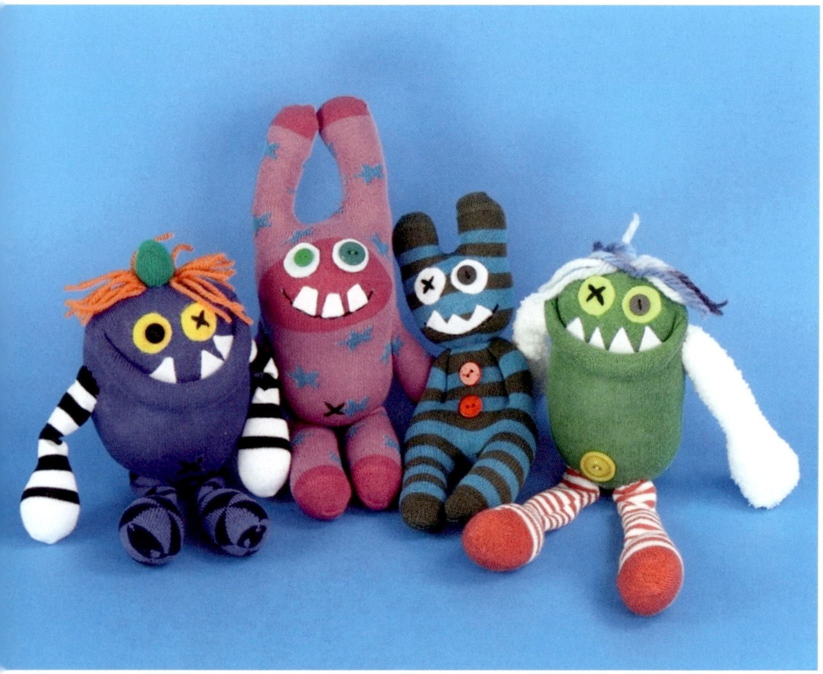

Monster-Variante 1

So wird's gemacht:

Abb. 1 Die Körpersocke im Zehenteil gut mit Füllwatte ausstopfen. Knapp oberhalb der Ferse abschneiden und einen Heftstich nähen. Gut zusammenziehen, verknoten und von außen mit dem Leiterstich schließen. Dabei biegen Sie die Schnittkante nach innen.

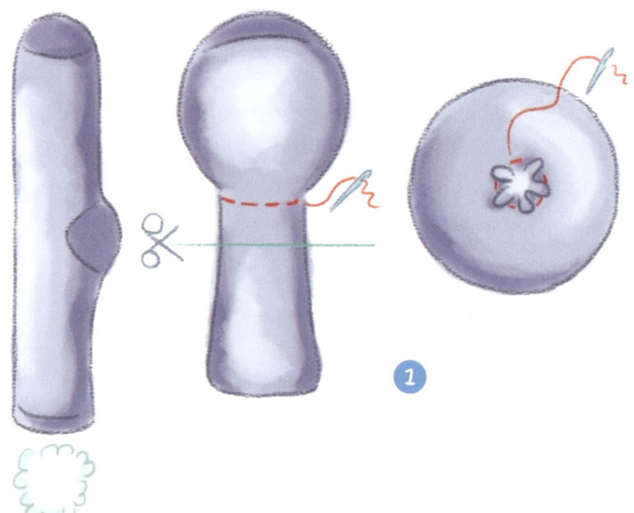

1

Das wird gebraucht

- Eine (einfarbige) Socke für den Körper
- Je nach Wunsch ganze oder halbe Socken für Arme, Beine und Hörner
- Filz für Augen und Zähne
- Bunte Wolle für die Haare
- Knöpfe für die Augen
- Stickgarn
- Textilkleber

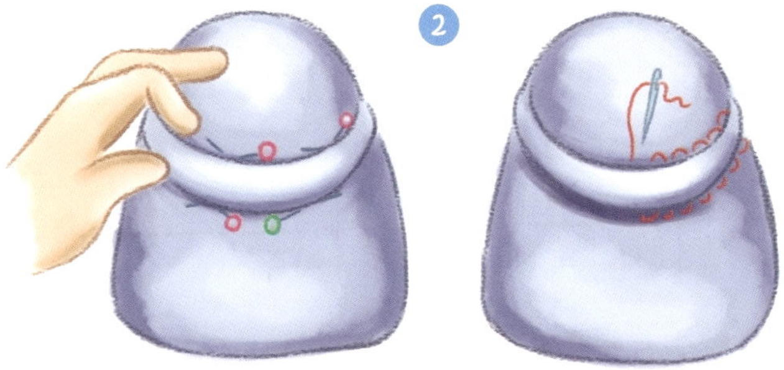

Abb. 2 Nun formen Sie die Lippe des Monsters. Dafür mit Daumen und Zeigefinger die gewünschte Form bilden und mit Stecknadeln fixieren. Nähen Sie dann mit einem Rückwärtsstich die Lippe fest, wobei Sie jeweils ober- und unterhalb der Lippe einstechen. Da sich beim Nähen des Mundes oft das Muster einer Socke verschieben kann, gelingt dies besser mit einfarbigen Socken.

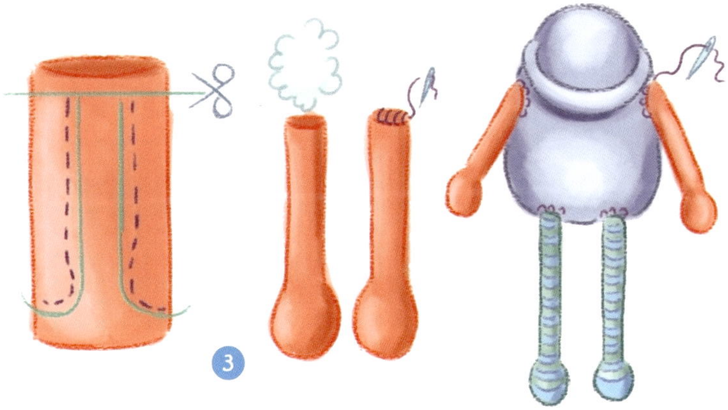

Abb. 3 Anschließend können Sie aus bunten Socken Arme und Beine nähen. Die Socken auf links wenden und rechts auf rechts im Bug die Gliedmaßen nähen. Dabei an den unteren Teilen eine kleine Rundung für die Füße einnähen. Mit Füllwatte nur im vorderen Bereich ausstopfen, damit Arme und Beine schlenkern können. Die Schnittkanten einbiegen und mit dem Leiterstich von außen schließen. Zuletzt an den Körper stecken und ebenfalls mit dem Leiterstich rundum annähen.

Abb. 4 Ganz nach Wunsch können Sie Ihre Monster fertig gestalten. Ein kleines Horn annähen, indem Sie einen Sockenrest rechts auf rechts zusammennähen, Haare anknüpfen und Bauchnabel aufsticken. Die Augen schneiden Sie aus Filz aus, nähen zuerst die Knöpfe an und kleben sie anschließend mit Textilkleber an das Monster. Die Zähne ebenso aus Filz ausschneiden und in der Lippenfalte anbringen.

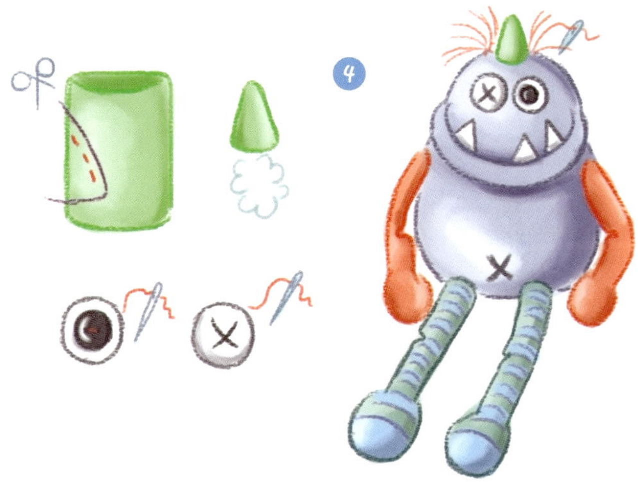

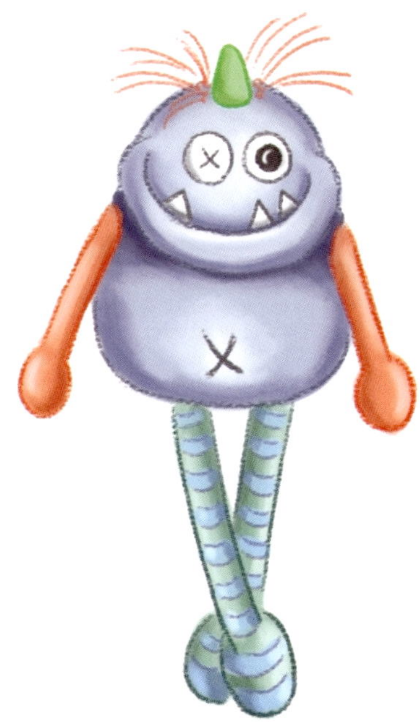

Monster-Variante 2

Das wird gebraucht

- Ein Paar bunte Socken mit unterschiedlicher Zehen- und Fersenfarbe
- Filz für Augen und Zähne
- Knöpfe für die Augen
- Stickgarn
- Textilkleber

So wird's gemacht:

Abb. 1 Für dieses Monster den gewünschten Socken auf links wenden, mit Textilkleber die Hörner einzeichnen, zusammennähen und ausschneiden. Wenden Sie den Socken auf rechts und stopfen Sie den Körper gut mit Füllwatte aus.

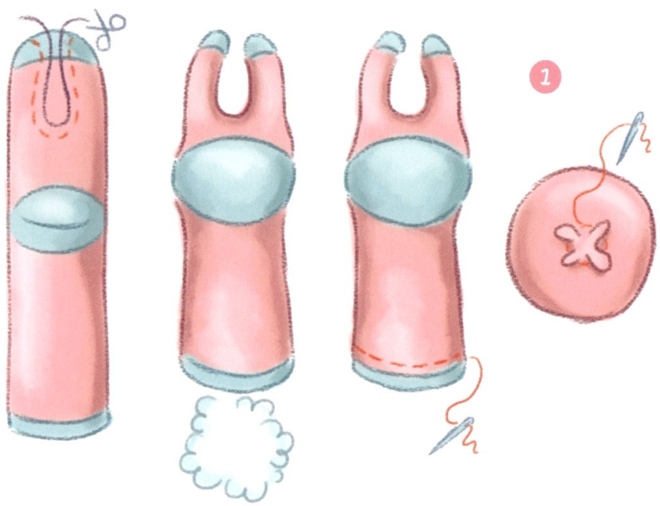

Oberhalb des Sockenbundes einen Heftstich nähen, gut zusammenziehen und von außen mit dem Leiterstich schließen. Dabei die Schnittkante nach innen biegen.

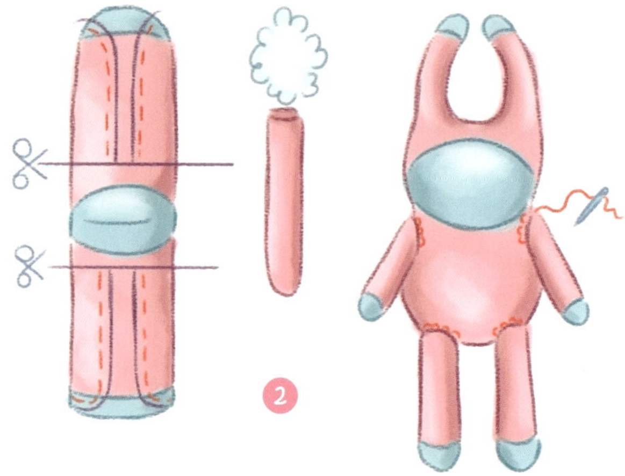

Abb. 2 Aus der zweiten Socke nähen Sie die Gliedmaßen. Dafür die Socke auf links wenden und im Bug jeweils Arme und Beine nähen. Dabei die Zehen- und Bundfarbe mit benähen. Anschließend mit einer Nahtzugabe ausschneiden und wenden.
Mit Füllwatte ausstopfen und mit dem Leiterstich an den Körper nähen, wobei Sie die Schnittkante nach innen biegen.

Abb. 3 Zuletzt gestalten Sie Ihr Monster wieder ganz nach Wunsch. Schneiden Sie Augen aus Filz aus, nähen die Pupillen an und kleben Sie an das Gesicht. Den Mund eventuell mit Trickmarker vorzeichnen, aufsticken und Zähne ankleben.

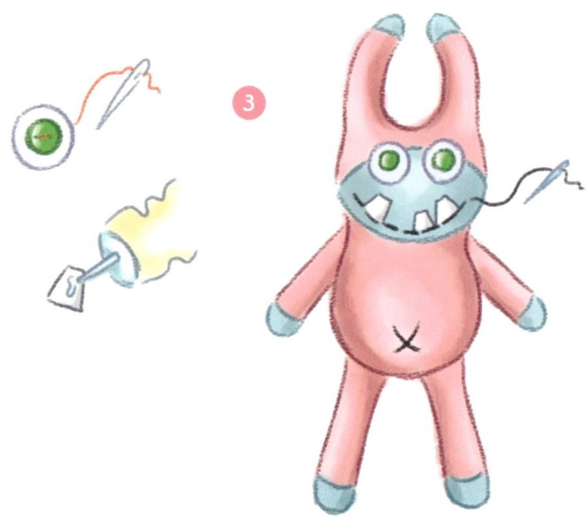

Monster-Variante 3

Das wird gebraucht

- Eine bunte Socke
- Filz für Augen und Zähne
- Knöpfe für die Augen
- Stickgarn
- Textilkleber

So wird's gemacht:

Abb. 1 Wenn Sie nur eine Socke zur Verfügung haben und Ihnen die lässige Variante mit eingesteckten Händen gefällt, können Sie auch dieses Monster nähen. Dafür die Socke auf links wenden und mit dem Trickmarker Hörner und Beine einzeichnen. Beides zusammennähen, dabei aber bei den Beinen eine etwa 3 cm lange Wendeöffnung unbenäht lassen.
Wieder auf rechts wenden und gut mit Füllwatte ausstopfen. Die Wendeöffnung von außen mit dem Leiterstich schließen, wobei Sie die Schnittkante nach innen biegen.

1

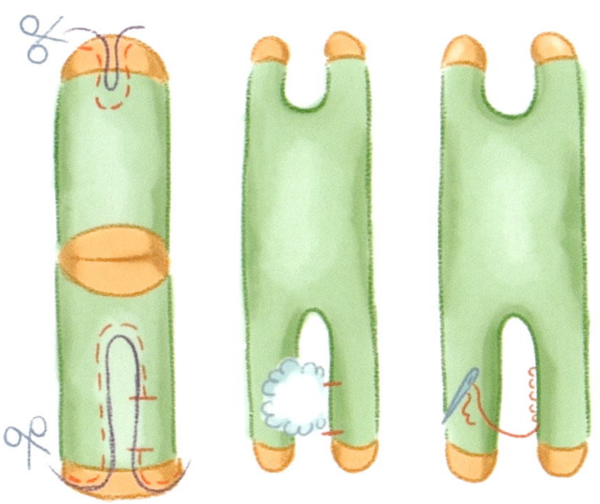

2

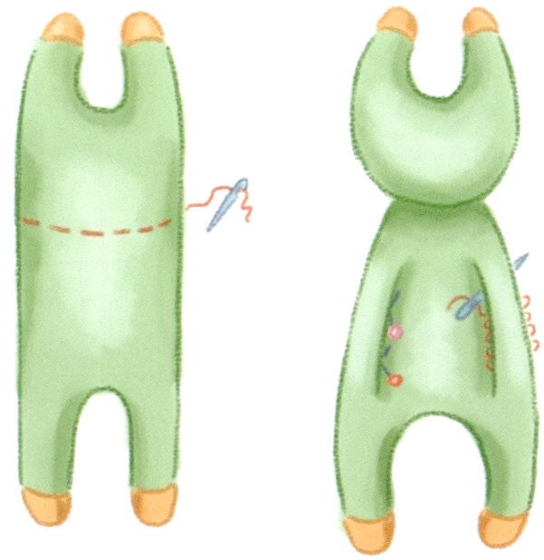

Abb. 2 An der gedachten Halslinie einen Heftstich einnähen, gut zusammenziehen, einige Male umwickeln und gut verknoten. Die eingesteckten Arme mit den Händen formen und mit Stecknadeln vorab fixieren. Nun mit dem Rückwärtsstich jeweils vorne und hinten einstechen.

3

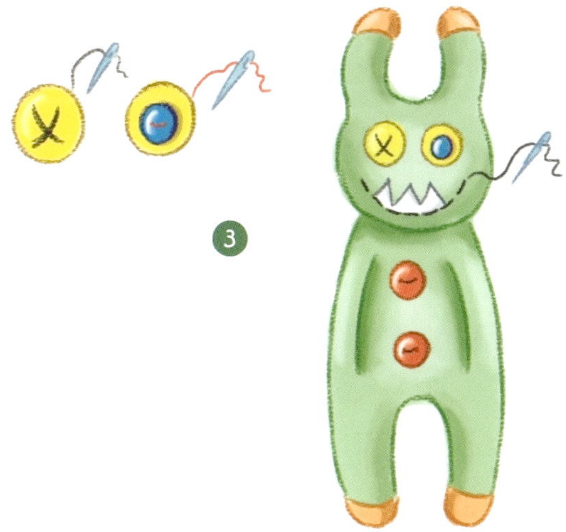

Abb. 3 Auch bei dieser Variante das Gesicht ganz nach Wunsch formen. Einen Mund aufsticken, Zähne und Augen ankleben.

Lachende Handpuppenmonster

Schwierigkeitsgrad 1

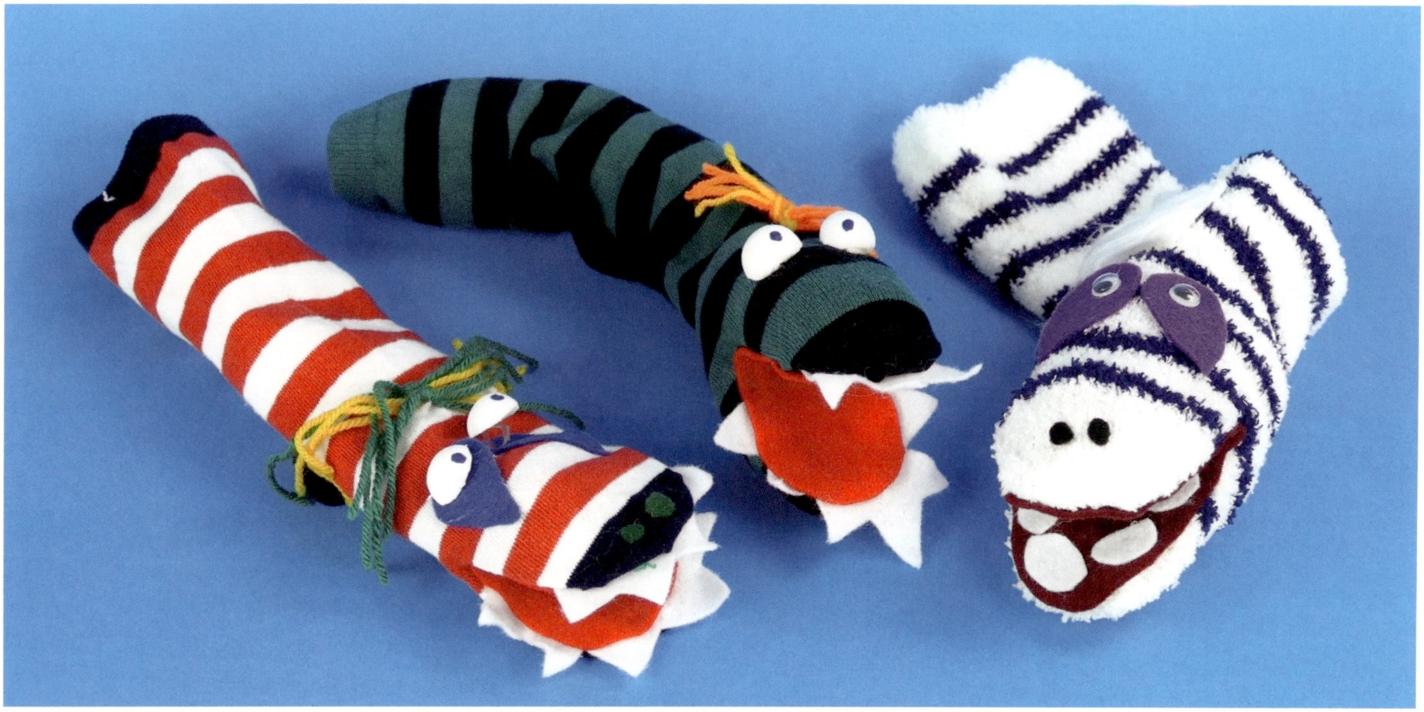

Das wird gebraucht

- Eine bunte Socke
- Filz in Rot
- Ein Stück Karton
- Wattekugeln oder Wackelaugen in verschiedenen Farbtönen
- Textilstift
- Eventuell wasserfester Filzstift
- Textilkleber
- Wollreste
- Schnittmuster auf Seite 79

So wird's gemacht:

Abb. 1 Das Mundstück aus einem festen Karton zuschneiden und mittig falten. Denselben Mund aus rotem Filz ausschneiden.

1

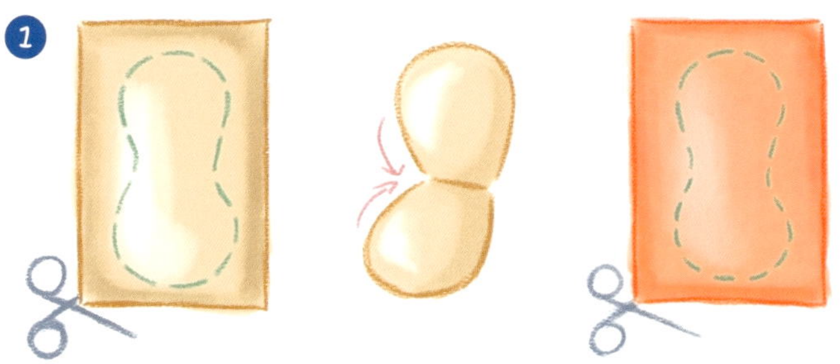

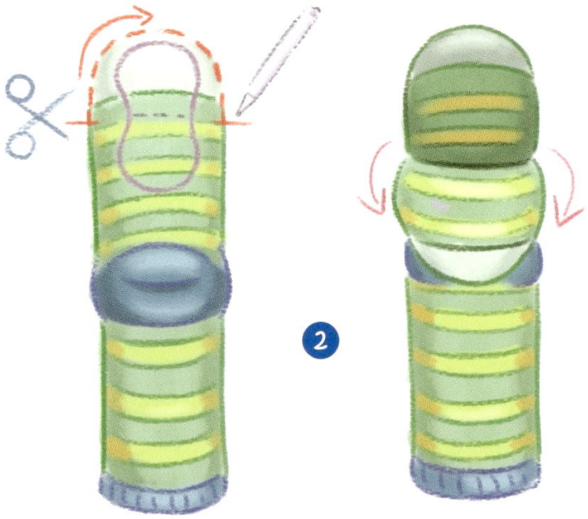

Abb. 2 Die bunte Socke legen Sie mit dem Fersenteil nach oben vor sich hin. Den Kartonmund auf das Zehenteil der bunten Socke legen und mit dem Textilstift den Umriss nachzeichnen. Die Zehenspitze bis zur Mitte des Mundes aufschneiden, sodass Sie eine Hälfte herunterklappen können.

Abb. 3 Den Textilkleber am Rand des Kartons anbringen und in das Mundstück kleben. Dabei die Schnittkante der aufgeschnittenen Zehenspitze um den Kartonmund biegen. Beides mit Wäscheklammern fixieren und gut trocknen lassen.

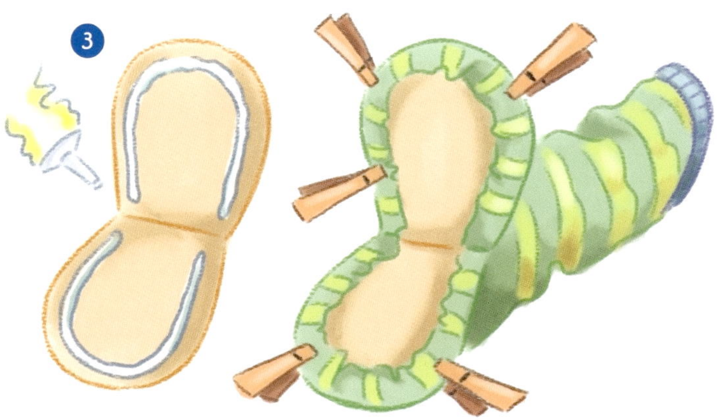

Abb. 4 Die Zähne aus weißem Filz zuschneiden und ebenfalls mit Kleber an den Mund anbringen. Mit Wäscheklammern fixiert trocknen lassen.

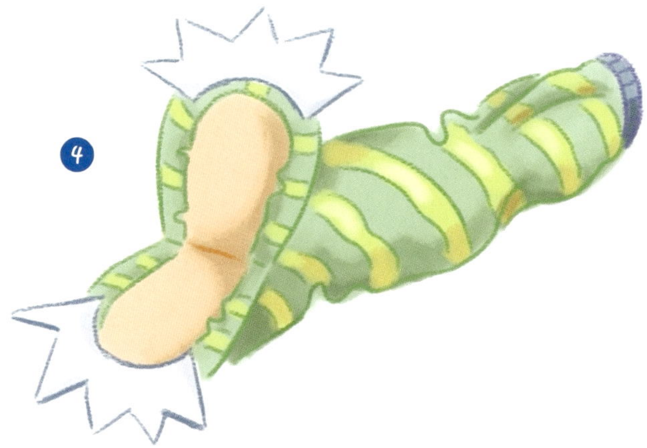

Alternativ können Sie auch am Schluss die Zähne im Inneren des Mundes auf den roten Filz kleben.

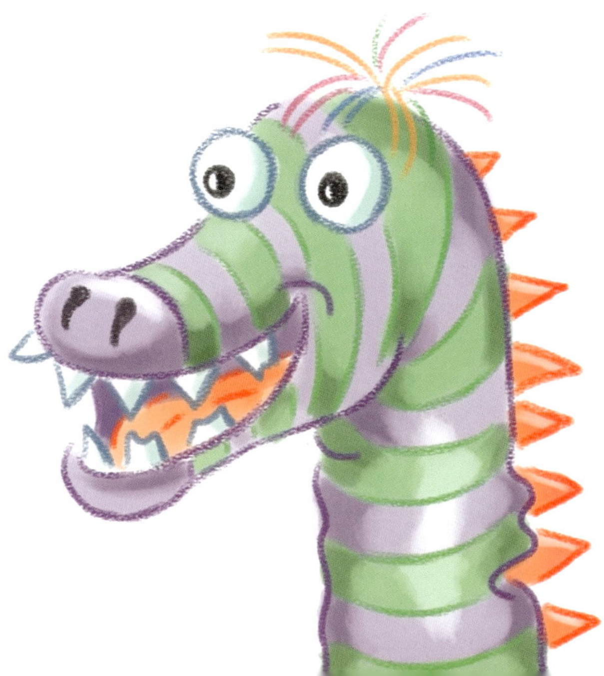

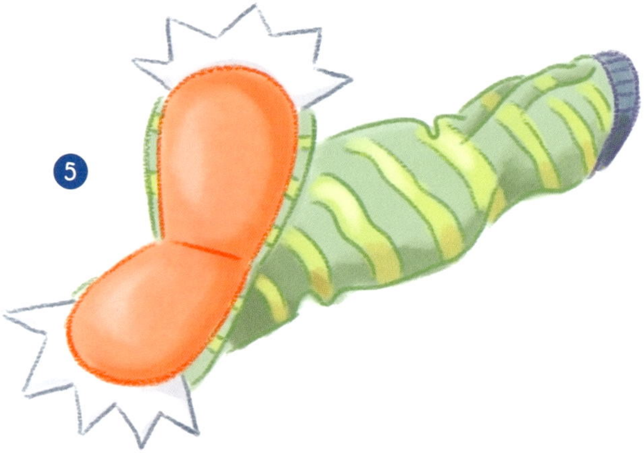

5

Abb. 5 Den Mund aus rotem Filz mit Textilkleber auf Zähne und Mund kleben. Wieder mit Wäscheklammern fixieren und trocknen lassen.

Abb. 6 Gestalten Sie die Gesichter Ihrer Monster ganz nach Wunsch und Möglichkeiten. Sie können Wattekugeln halbieren, mit einem wasserfesten Stift die Pupillen aufmalen und sie ankleben. Aus bunter Wolle knüpfen Sie Haare an.

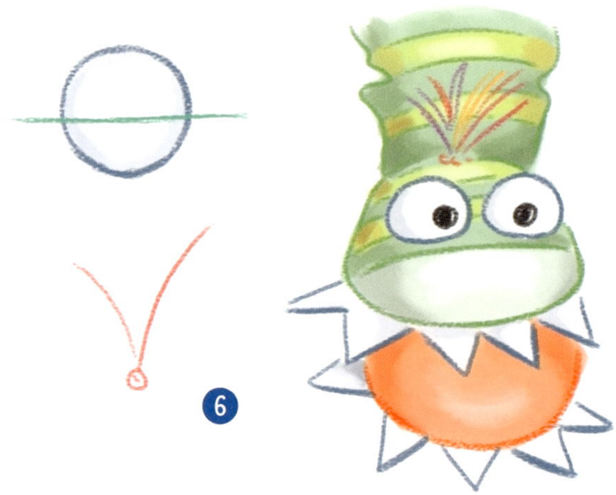

6

Sie können aber auch Augen aus Filz anbringen und Wackelaugen ankleben. Haare aus Fell annähen und Nüstern aus dunklem Filz ankleben.

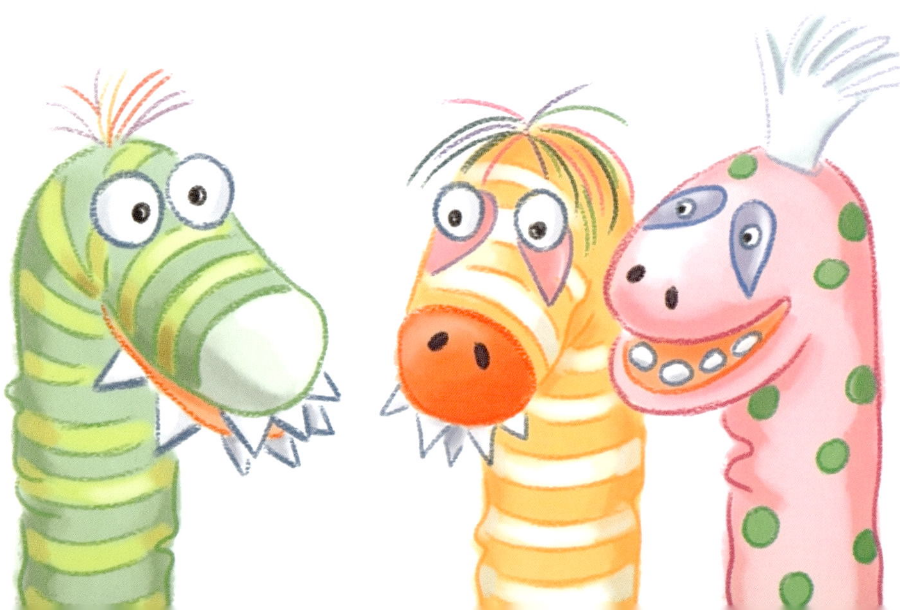

Schnittmuster Handpuppenmonster

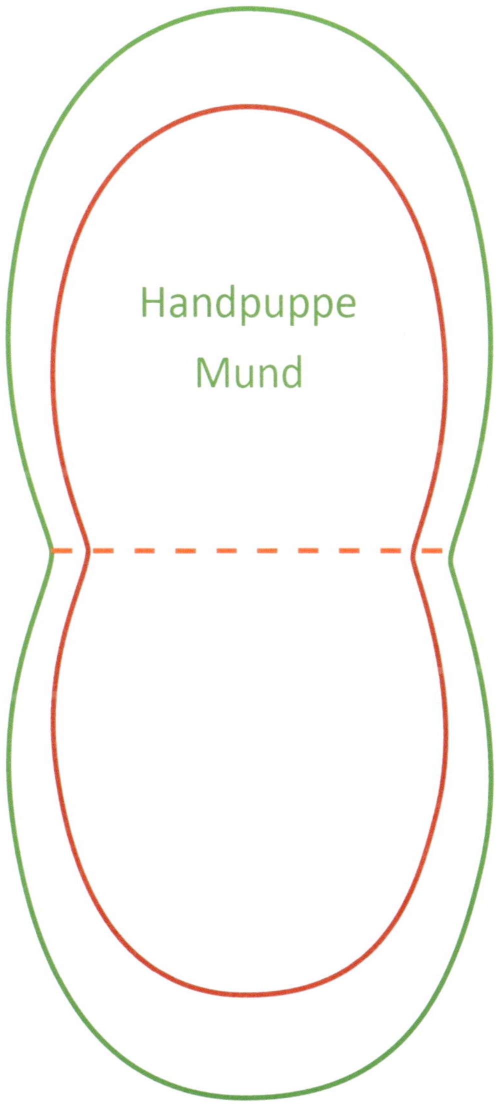

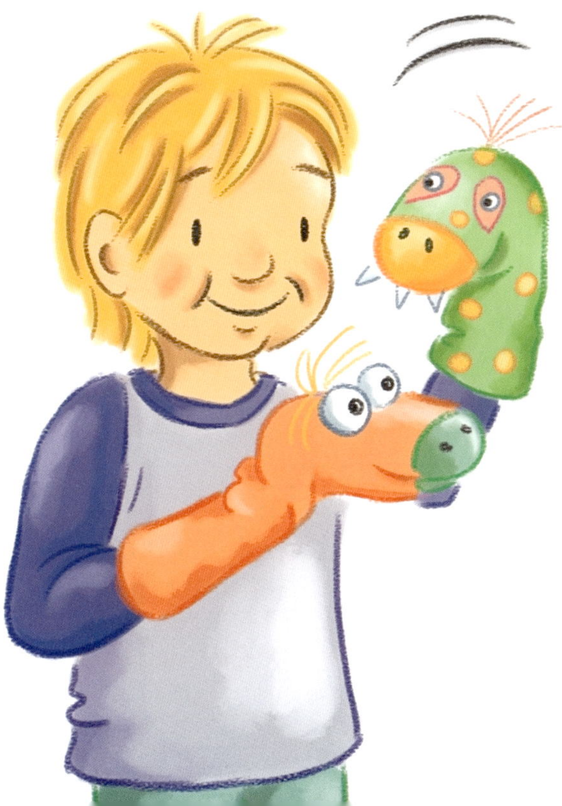

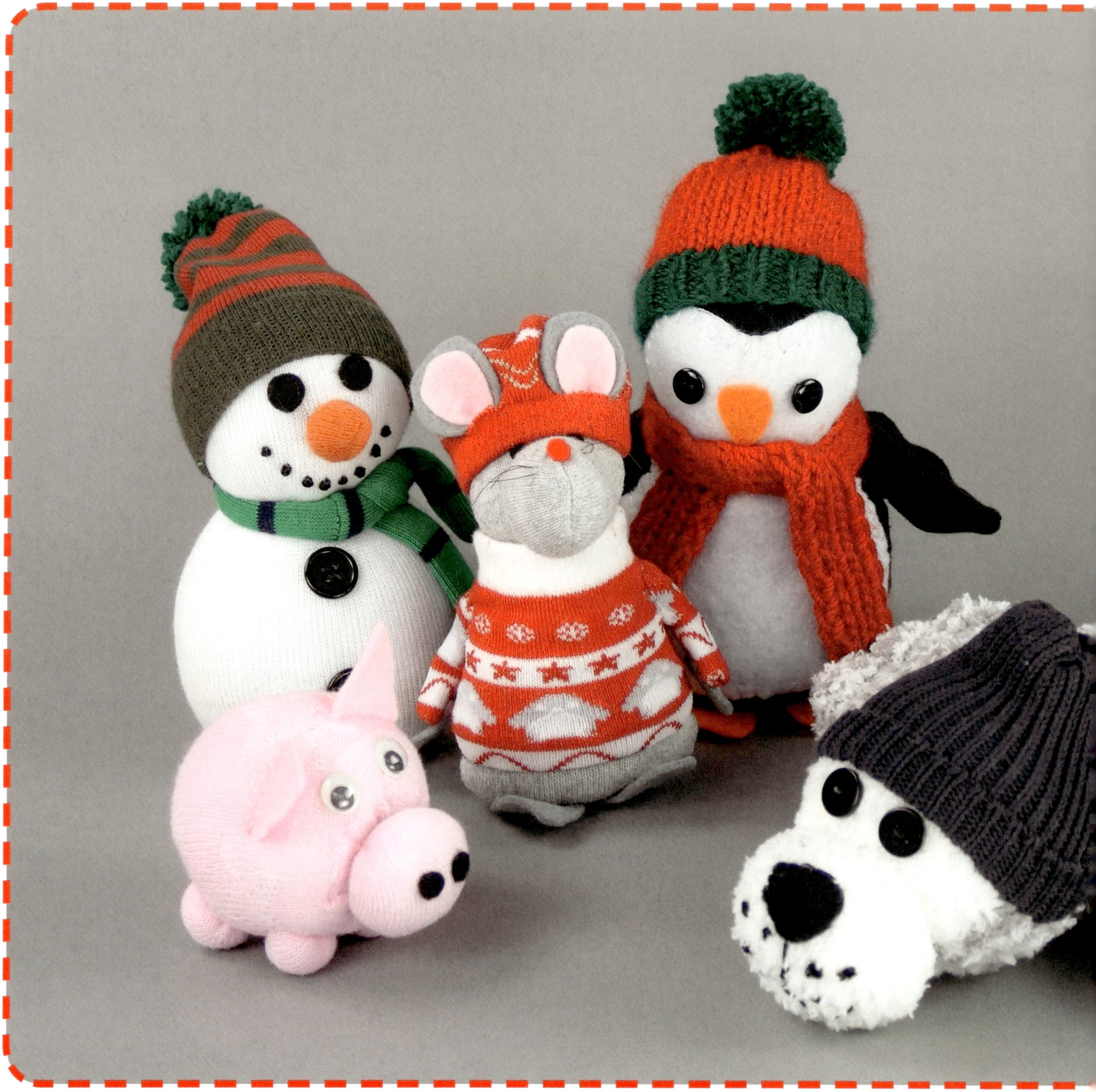

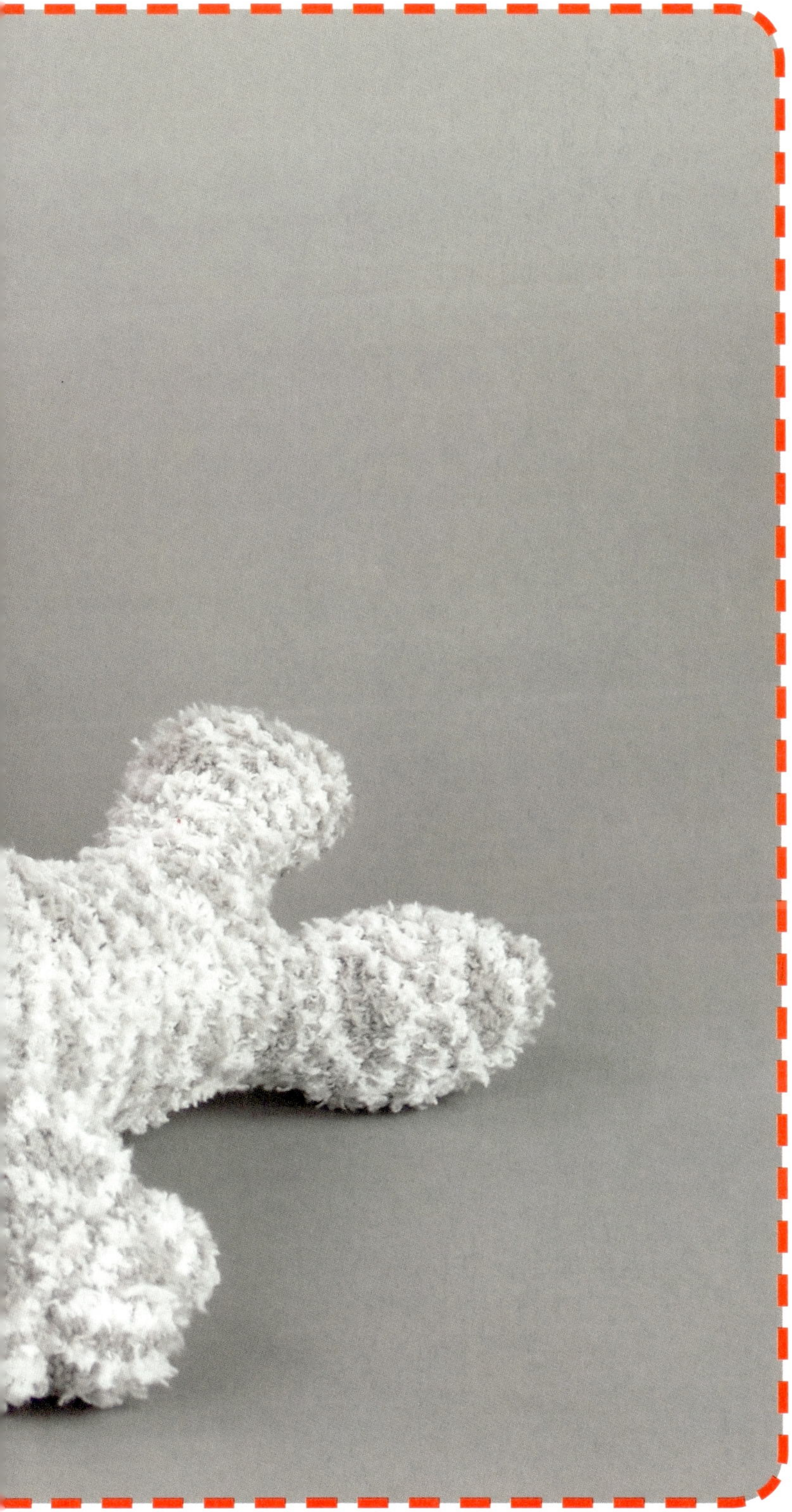

Winter

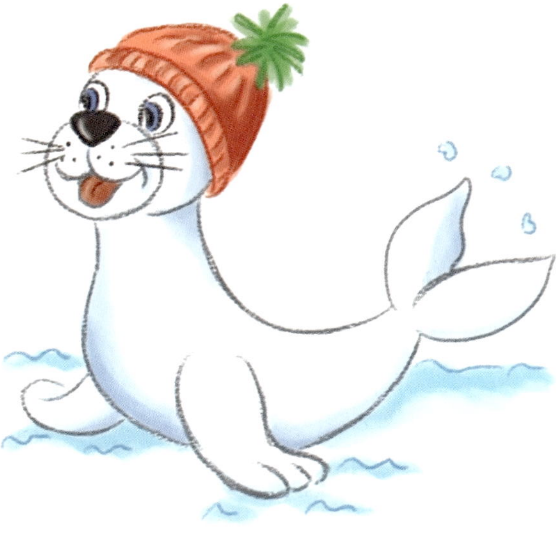

Fröhliche Pinguine

Schwierigkeitsgrad 2

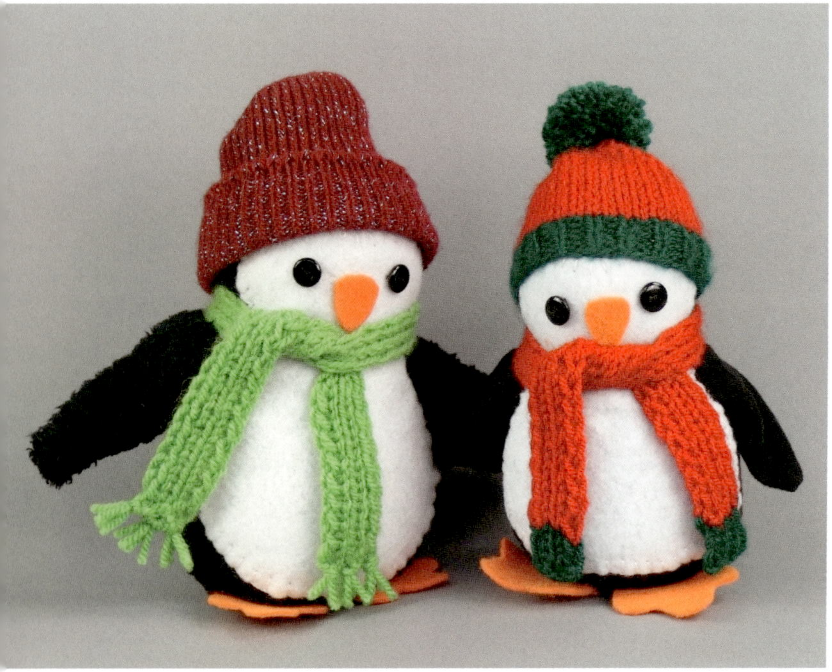

Das wird gebraucht

- Eine schwarze Socke für den Körper
- Eine bunte Socke für die Mütze
- Zwei kleine, schwarze Knöpfe
- Filz in Orange und Weiß
- Garn in Schwarz, Weiß und Orange
- Reis oder Kirschkerne
- Füllwatte
- Textilkleber
- Schnittmuster auf Seite 84

So wird's gemacht:

Abb. 1 Die Socke für den Körper knapp unterhalb der Ferse abschneiden. In den abgeschnittenen Sockenteil Reis oder Kirschkerne einfüllen. Über den Reis Füllwatte stopfen.

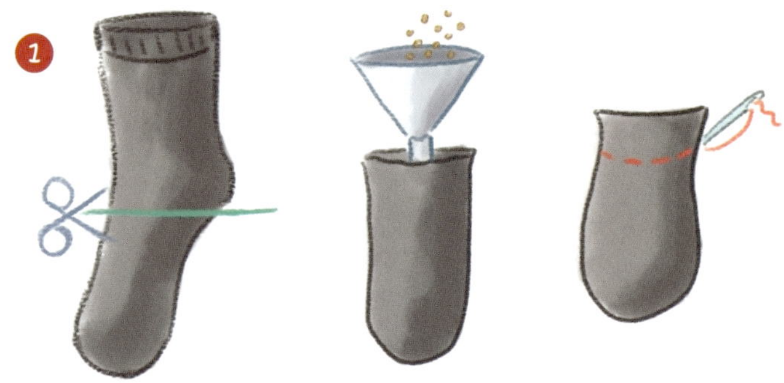

Nun etwa 1 cm unterhalb der Schnittkante mit dem Heftstich rundum nähen. Das lose Ende festziehen und gut verknoten.
Die nach außen stehende Schnittkante nach innen stopfen und von rechts mit dem Leiterstich schließen.

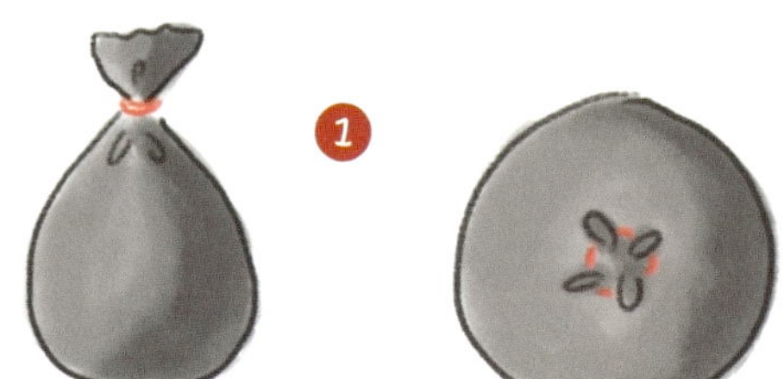

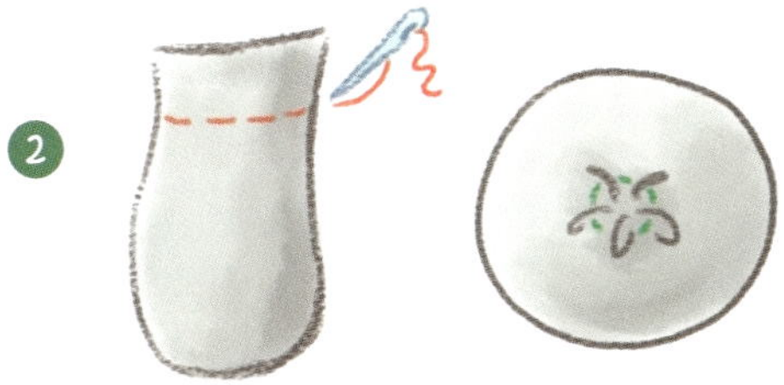

Abb. 2 Nun etwa 1 cm unterhalb der Schnittkante mit dem Heftstich rundum nähen. Das lose Ende festziehen und gut verknoten.
Die nach außen stehende Schnittkante nach innen stopfen und von rechts mit dem Leiterstich schließen.

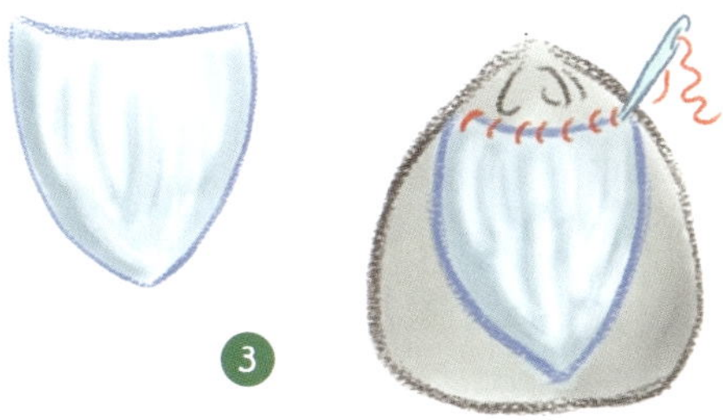

Abb. 3 Aus Fellimitat einen Bart zuschneiden. Dabei die Barthaare von der Schnittkante wegstreichen. Den Bart oben an den Körper nähen.

Abb. 4 Aus der beigen Socke einen Kreis mit ca. 6 cm Durchmesser zuschneiden. Rundum mit der Nadel einen Heftstich nähen, das lose Ende festziehen, mit Füllwatte ausstopfen und gut verknoten. Die Nase mit dem Leiterstich an den Bart und die Körpersocke nähen, dabei die Schnittkante nach innen biegen.

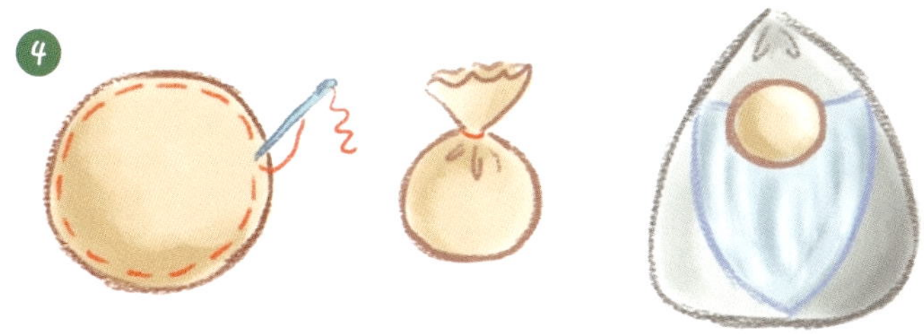

Abb. 5 Die Mütze für die Socke auf links wenden. Von der Spitze bis kurz nach der Ferse auslaufend zusammennähen. Wenden und dem Wichtel aufsetzen. Danach die Mütze mit Leiterstichen am Körper fixieren. Nach Wunsch noch ein kleines Glöckchen annähen.

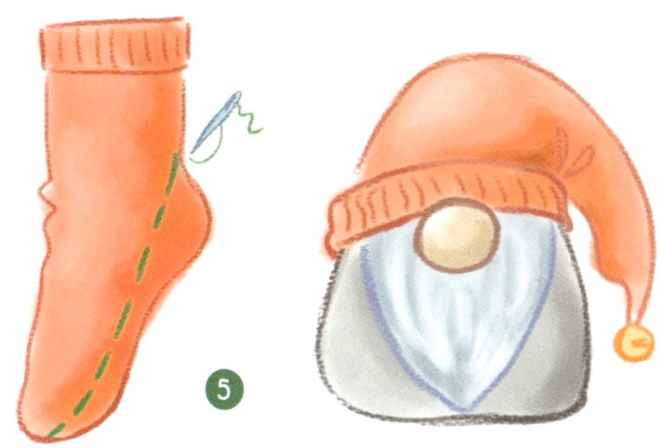

Wenn Sie möchten, ist Ihr Wichtel hier fertig. Sie können Ihn aber noch verfeinern.

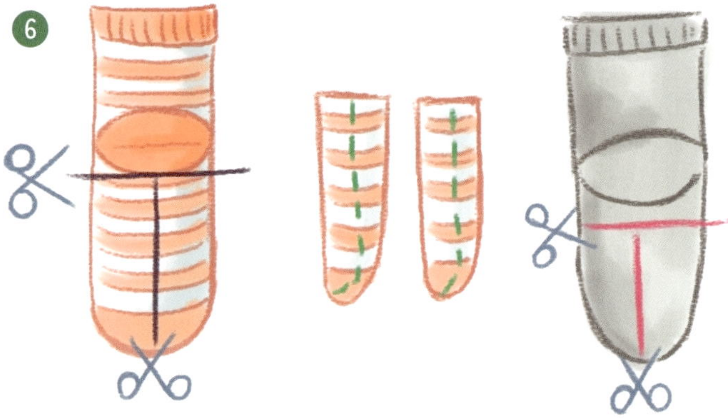

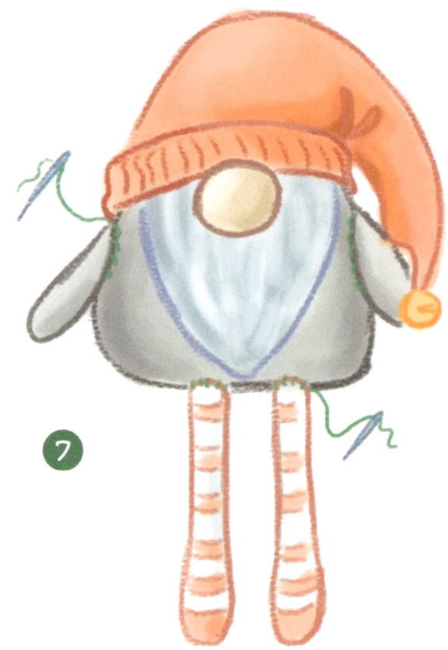

Abb. 6 Für Schlenkerbeine die gewünschte Socke auf links wenden, mit der Ferse nach oben legen und von den Zehenspitzen bis zur Ferse die Beine zuschneiden. Die beiden Teile im Bug rechts auf rechts zusammennähen.

Abb. 7 Mit Füllwatte ausstopfen und mit dem Leiterstich an den Körper nähen, dabei die Schnittkante nach innen biegen. Die Arme genauso, aber etwas kürzer nähen.

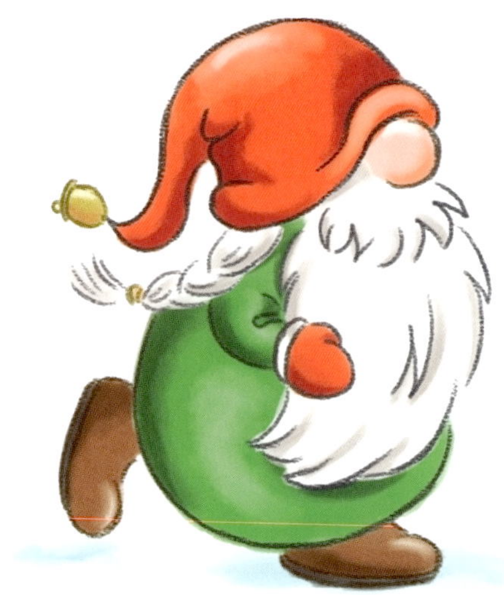

Eine andere Version der Wichtel nähen Sie folgendermaßen:

Abb. 8 Falls Sie kein Fellimitat zur Verfügung haben, können Sie auch Zöpfchen aus weißer Wolle flechten. Dafür, um gleich lange Haare zu bekommen, die Wolle um einen Karton in gewünschter Länge wickeln. Durchschneiden, in der Mitte verknoten und auf beiden Seiten Zöpfe flechten. Oben an den Wichtel nähen und die Mütze wie bei Version 1 annähen.

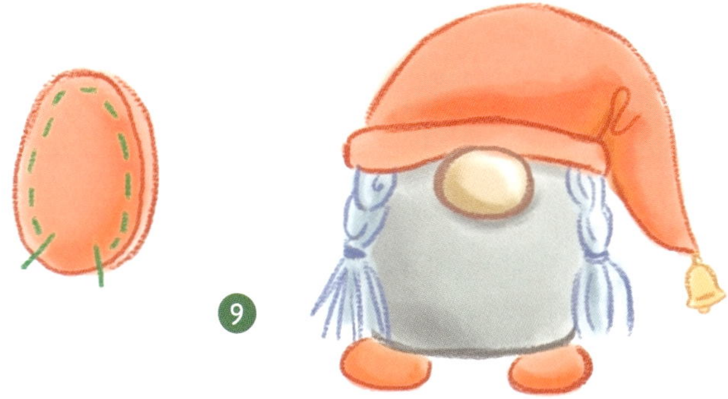

9

Abb. 9 Wenn Sie Ihrem Wichtel Füße annähen möchten, können Sie zwei Sockenteile (Füße 5 cm breit, 6 cm lang) rechts auf rechts zusammennähen, dabei eine Wendeöffnung lassen. Wenden, mit Füllwatte nur die Spitzen ausstopfen, die Wendeöffnung mit dem Leiterstich schließen und die Füße an den Körper nähen.
Alternativ können Sie die Füße auch aus Filz ausschneiden und annähen.

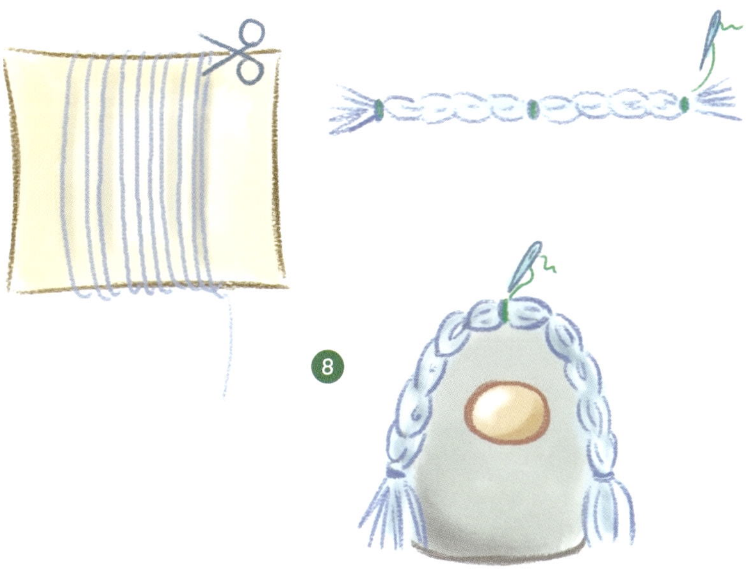

8

Schnittmuster Weihnachtswichtel

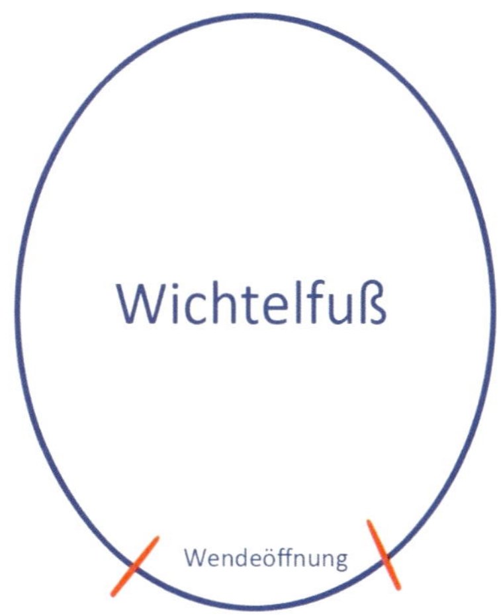

Ungiftige Fliegenpilze

Schwierigkeitsgrad 1

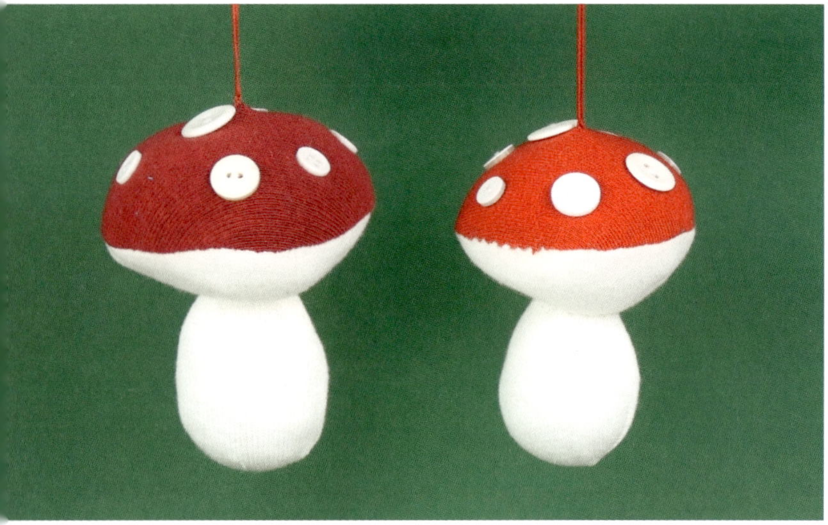

Das wird gebraucht

- Eine rote Socke
- Eine weiße Socke
- Verschiedene weiße Knöpfe
- Füllwatte
- Trickmarker
- Schnittmuster auf Seite 93

So wird's gemacht:

Abb. 1 Die rote Socke zuerst kurz oberhalb der Ferse abschneiden und danach einmal der Länge nach aufschneiden. Ebenso verfahren Sie mit der weißen Socke. Nun beide Teile öffnen und rechts auf rechts aufeinanderlegen und zusammenstecken.

Mit dem Trickmarker den Kreis für den Pilzkopf anzeichnen und rundum nähen. Dabei eine kleine Wendeöffnung unbenäht lassen. Mit einer Schnittzugabe ausschneiden.

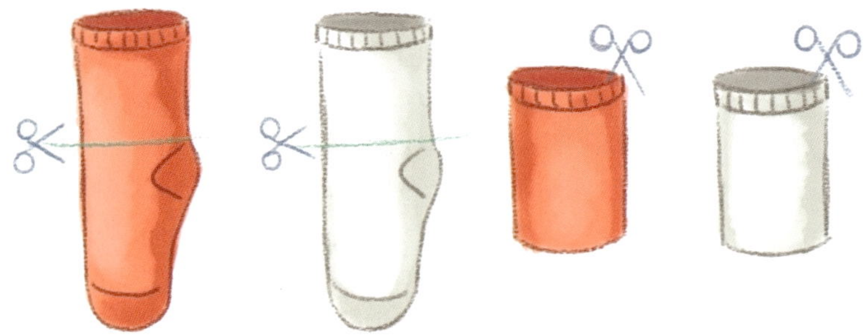

1

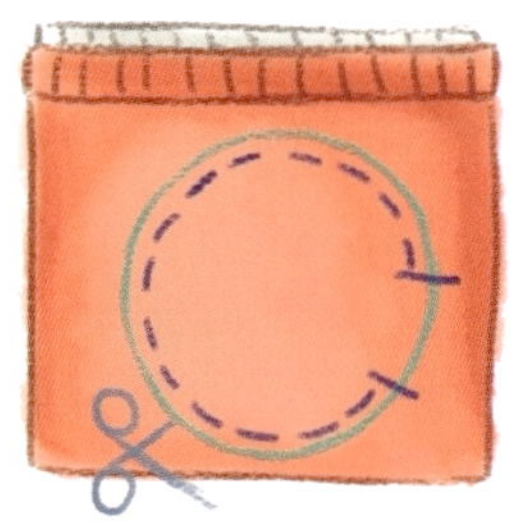

Abb. 2 Den Pilzkopf wenden und gut mit Füllwatte ausstopfen. Von außen mit dem Leiterstich schließen.

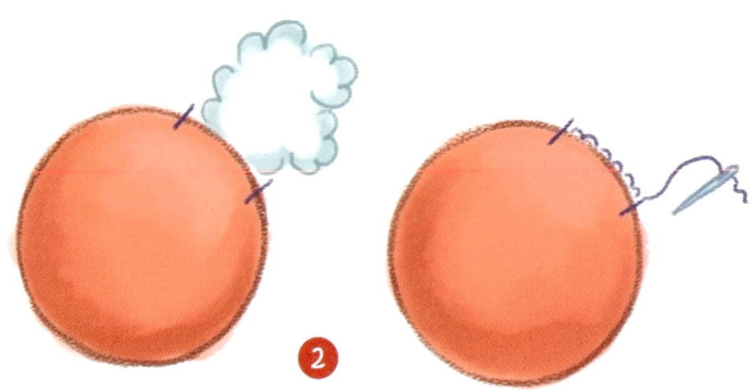

2

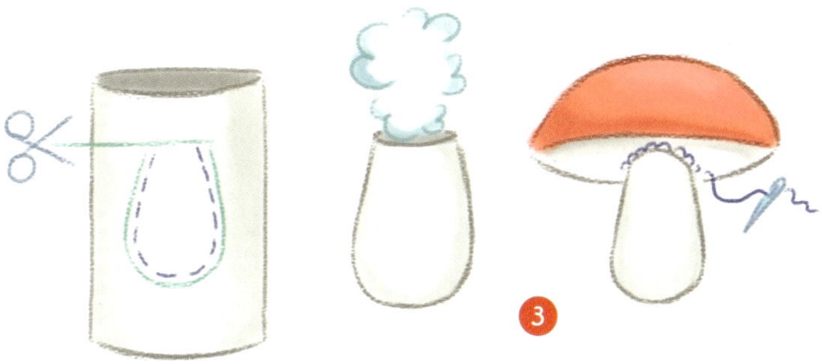

3

Abb. 3 Die restliche weiße Socke auf links wenden, mit dem Trickmarker den Pilzstiel anzeichnen und rechts auf rechts zusammennähen. Gut mit Füllwatte ausstopfen und mit dem Leiterstich unten an den Pilzkopf nähen. Dabei die Schnittkante nach innen biegen.

Abb. 4 Zuletzt verschiedenste weiße Knöpfe an den Pilzkopf nähen. Dabei müssen Sie das Garn nicht bei jedem Knopf neu verknüpfen, stechen Sie einfach tief ein und an der nächsten Stelle wieder aus. Wenn Sie Ihre Pilze aufhängen möchten, bringen Sie oben noch kurze Bänder oder Wollfäden an.

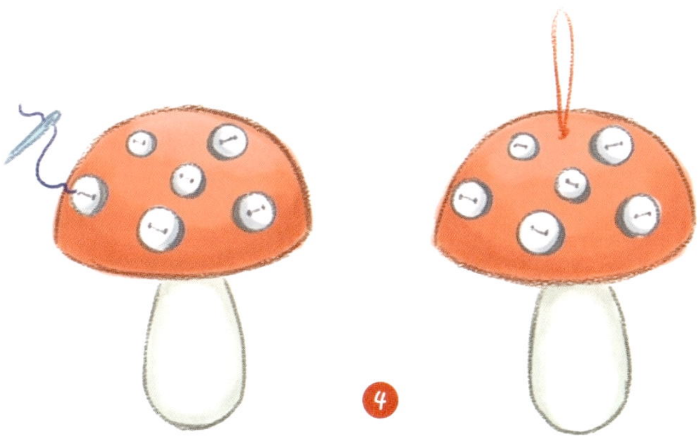

4

Schnittmuster Fliegenpilz

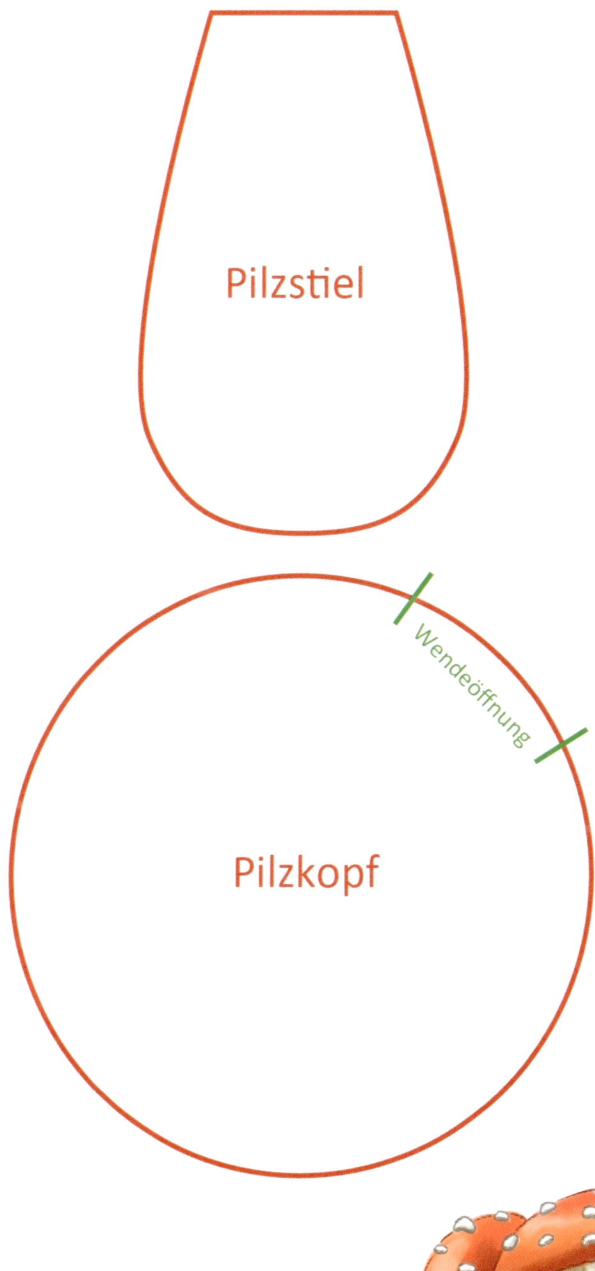

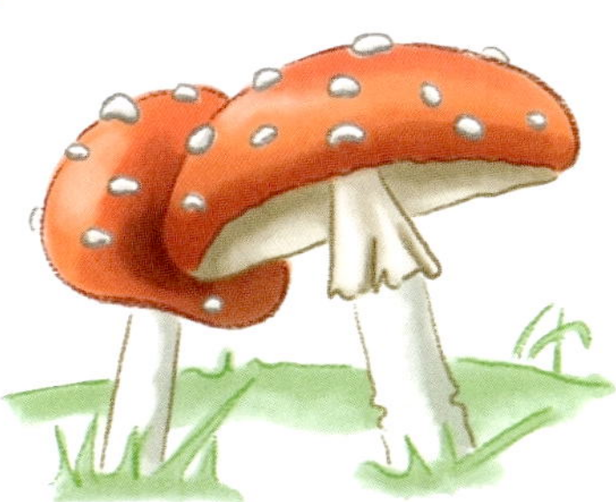

Liebenswerte Glücksschweine

Schwierigkeitsgrad 1

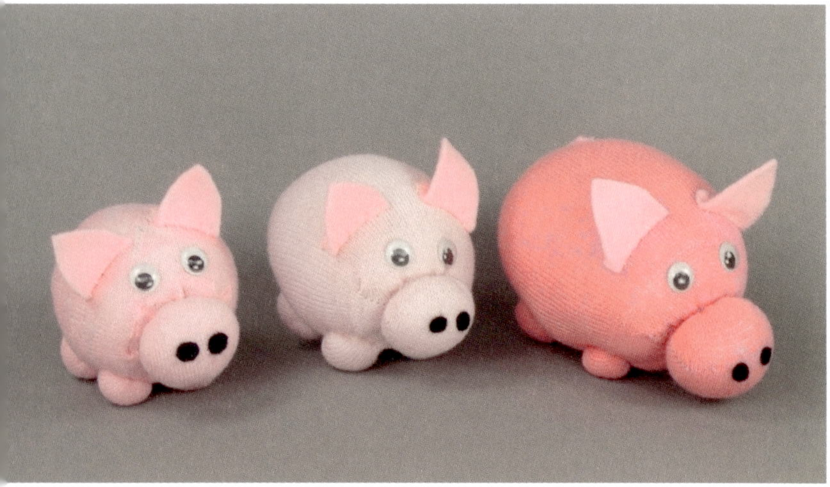

Das wird gebraucht

- Eine (kurze) rosarote Socke
- Rosaroter Filz
- Schwarzer Filz
- Zwei Wackelaugen
- Füllwatte
- Textilkleber
- Trickmarker
- Schnittmuster auf Seite 95

So wird's gemacht:

Abb. 1 Die rosarote Socke knapp oberhalb der Ferse abschneiden. Das Zehenteil mit Füllwatte ausstopfen, einen Heftstich einnähen und gut zusammenziehen. Nun die Schnittkante nach innen biegen und von außen mit dem Leiterstich schließen.

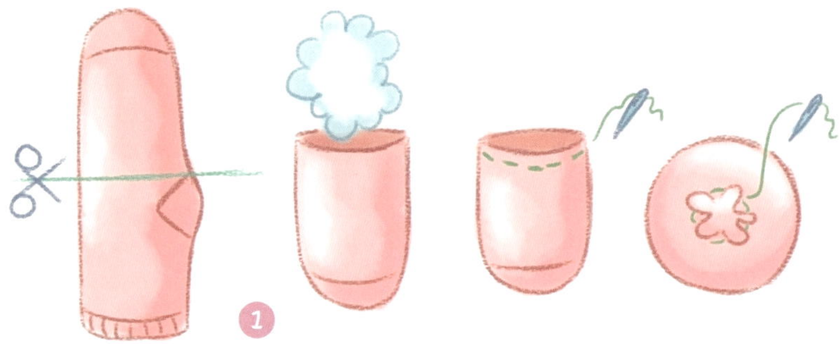

Abb. 2 An der Zehenspitze nun mit dem Trickmarker die Nase – etwas größer, als das gewünschte Ergebnis sein soll – anzeichnen.

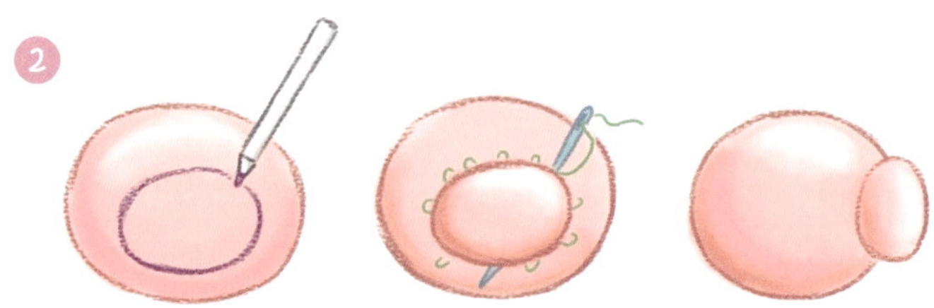

Mit einer langen Nadel das passende Garn gut verknoten und entlang der gezeichneten Linie tief einstechen. An der gegenüberliegenden Seite wieder ausstechen. Diesen Vorgang rundum wiederholen, bis eine zufriedenstellende Nase entstanden ist.

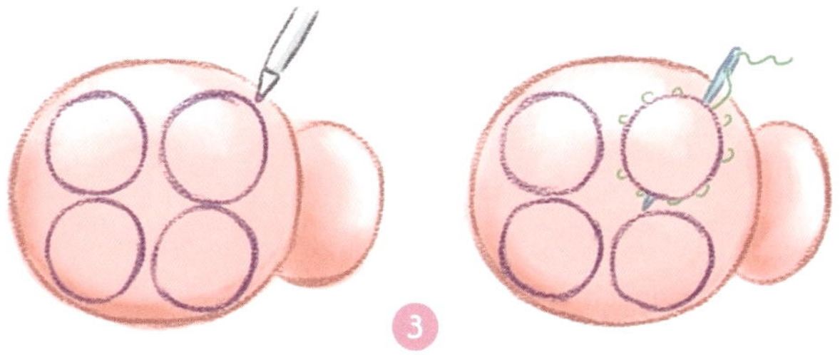

Abb. 3 An der gewählten Unterseite des Glücksschweins mit einem Trickmarker die vier Beine anzeichnen. Dabei wieder berücksichtigen, dass das Endergebnis kleiner ausfällt. Danach wieder mit einem Garn rundum an einer Seite ein- und an der gegenüberliegenden ausstechen.

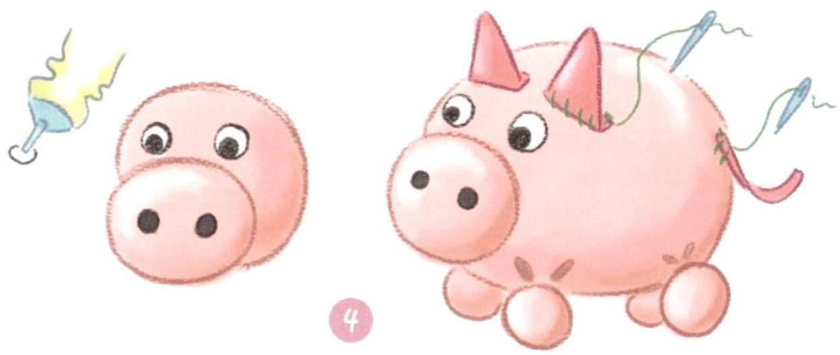

Abb. 4 Zuletzt die Wackelaugen sowie zwei Nasenlöcher ankleben. Die Ohren aus Filz zuschneiden, eine Kante umbiegen und an den Kopf nähen. Einen kurzen Streifen Filz für das Ringelschwänzchen ausschneiden und ebenfalls annähen.

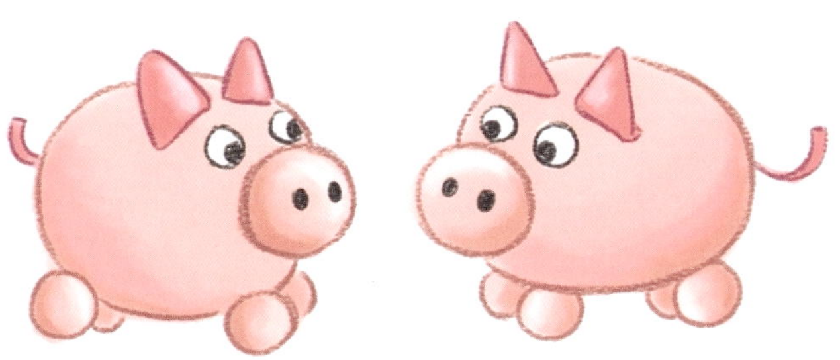

Schnittmuster Glücksschweine

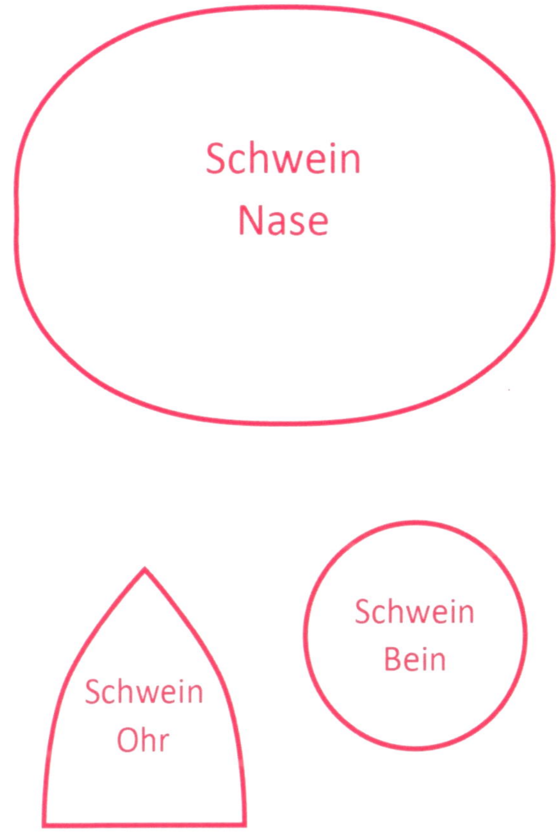

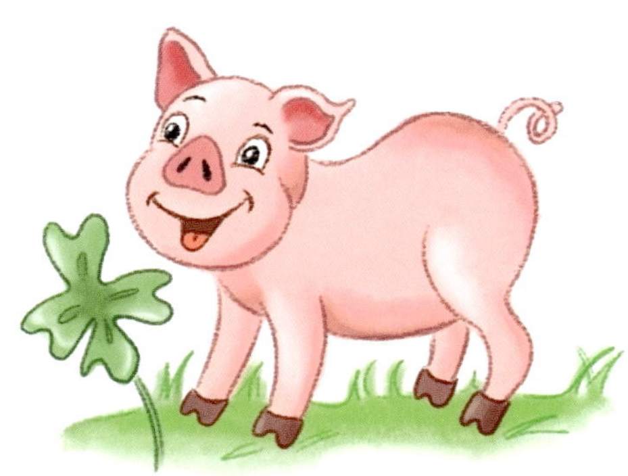

Freche Weihnachtsmäuse

Schwierigkeitsgrad 3

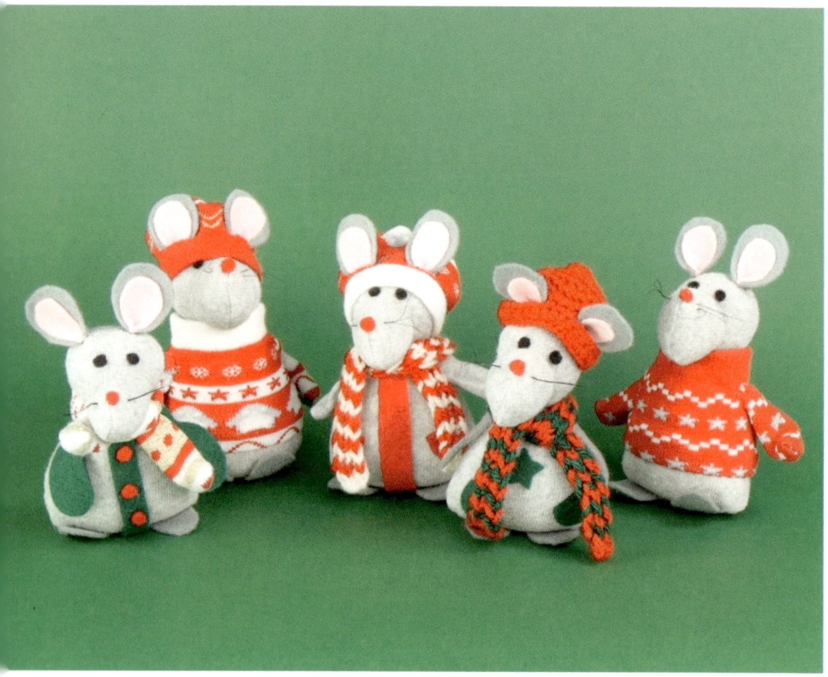

Das wird gebraucht

- Eine graue (Erwachsenen-)Socke für den Körper
- Nach Wunsch ein Paar bunte (Kinder-)Socken für Pullover und Mütze
- Filz in Grau, Rosa, Schwarz und Rot
- Reis
- Füllwatte
- Textilkleber
- Trickmarker
- Schwarze Besenhaare für die Schnurrbarthaare
- Schnittmuster auf Seite 99

So wird's gemacht:

Abb. 1 Die graue Körpersocke auf links wenden. Knapp unterhalb der Zehenspitze und oberhalb der Ferse abschneiden.
Auf diesen Sockenteil mit dem Trickmarker den Körper aufzeichnen und rund um die Silhouette die beiden Teile rechts auf rechts zusammennähen. Dabei unten eine Wendeöffnung lassen. Etwa 1 cm um die Naht den überflüssigen Socken wegschneiden.

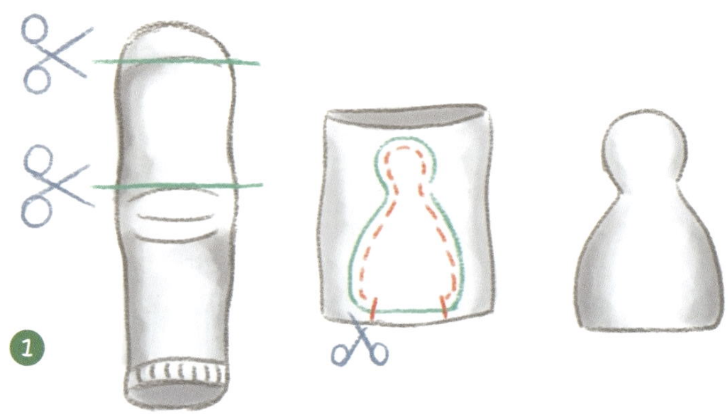

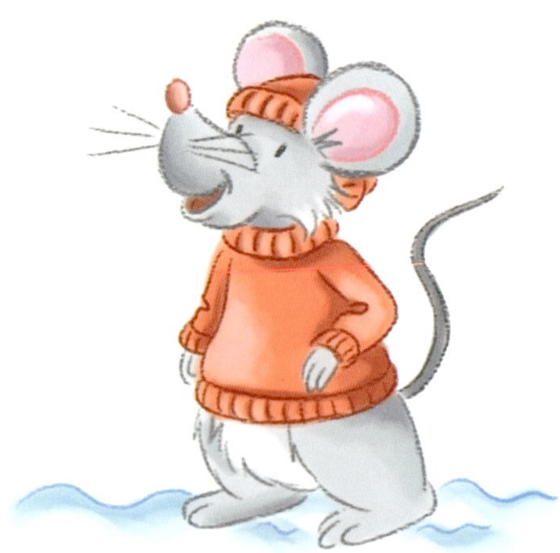

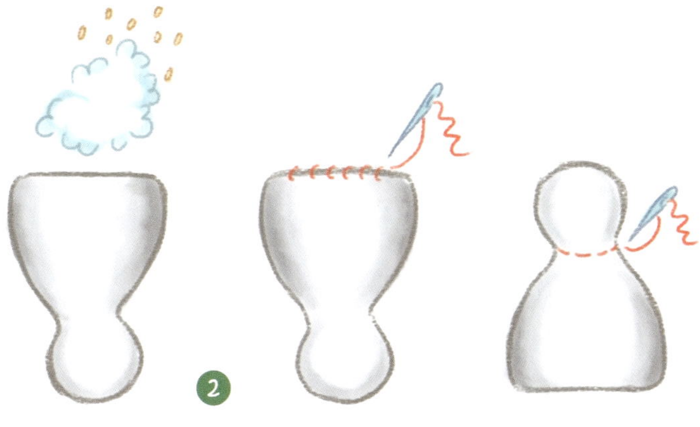

Abb. 2 Danach den Körper zuerst mit Füllwatte und zusätzlich mit einigen Esslöffeln Reis füllen und von unten mit dem Leiterstich gut verschließen.
Nun kann der Hals noch etwas definiert werden, indem man an der gedachten Halslinie einen Heftstich einzieht, den Faden zusammenzieht, ein- bis zweimal umwickelt und gut verknotet.

Abb. 3 Aus dem verbliebenen Sockenteil schneiden Sie die Nase im Bug zu und nähen rechts auf rechts die Rundung zusammen. Nun diesen Teil wenden, am Kopf anstecken und mit dem Leiterstich annähen. Dabei die Schnittkante nach innen biegen.

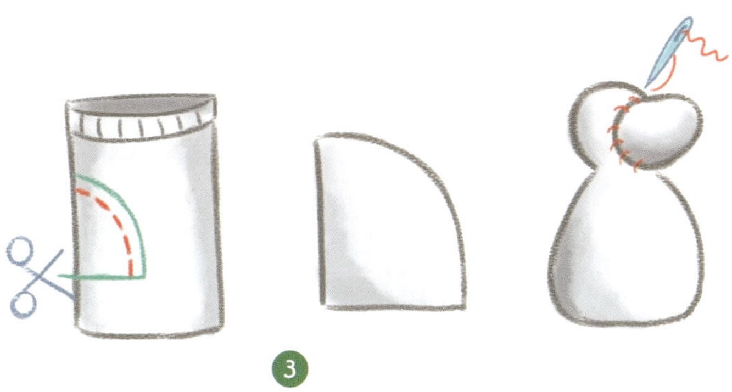

Abb. 4 Die äußeren und inneren Ohren aus grauem und rosa Filz zuschneiden. Die rosa Ohren mit Textilkleber auf die grauen Ohren kleben und gemeinsam mit dem Leiterstich an den Kopf nähen. Augen und Nase ebenfalls aus Filz zuschneiden und auf die Maus kleben.

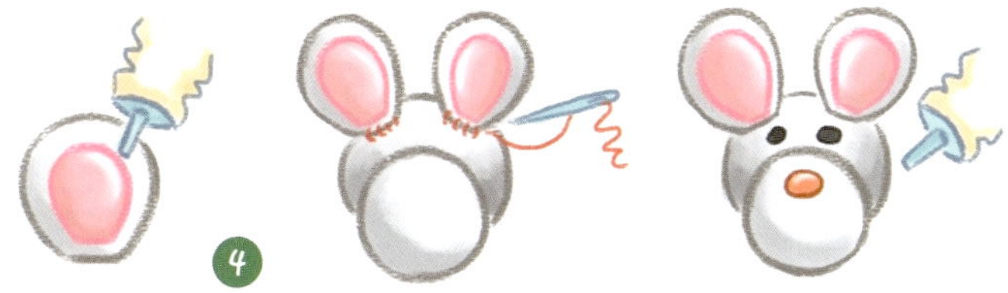

Abb. 5 Zuletzt die Füße aus Filz zuschneiden und unten mit dem Knopflochstich teilweise annähen oder mit dem Textilkleber anbringen.

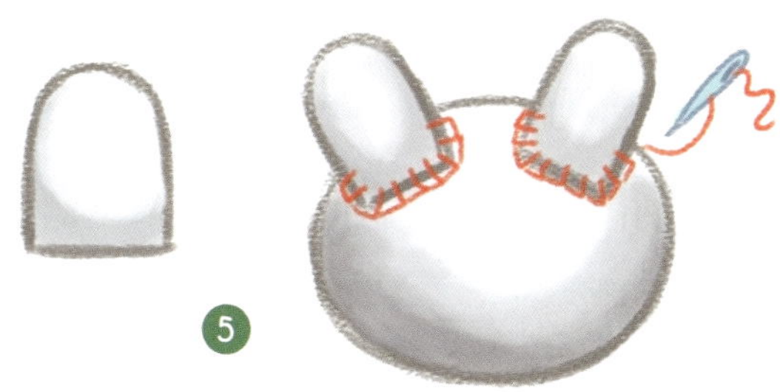

Somit wäre Ihre Maus fertig. Sie können nun verschiedene, einfachere oder auch etwas schwierigere Mausvariationen nähen:

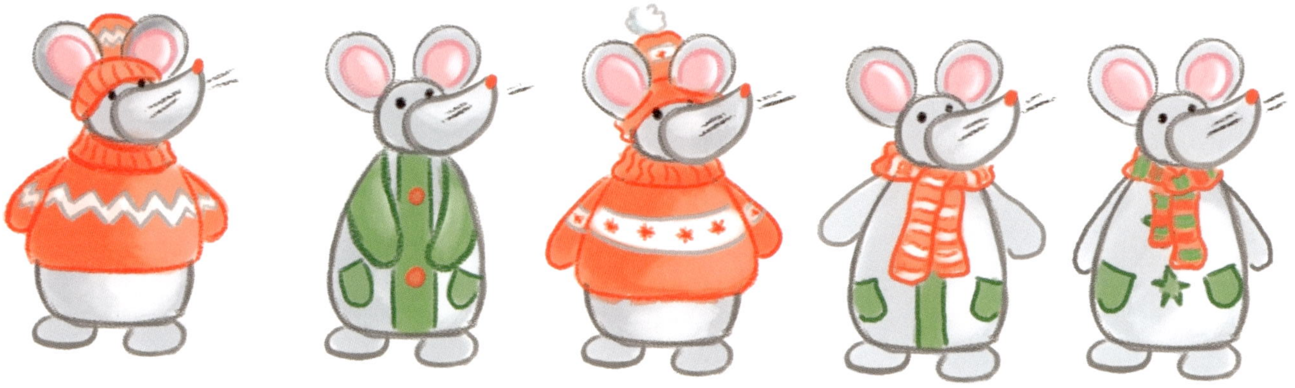

Mausvariationen

Am einfachsten und schnellsten nähen Sie die Maus fertig indem Sie die Arme aus Filz zuschneiden und entweder mit Textilkleber an den Schultern ankleben oder mit einigen Knopflochstichen festnähen. Ebenso können Sie der Maus eine Kleidung mit Filz andeuten und Streifen und Säcke anbringen.
Einen Schal (ca. 25 cm) können Sie stricken, häkeln oder nähen.
Die Barthaare können Sie von einem schwarzen Besen abschneiden, mit einer Nadel durchziehen und etwas mit Textilkleber fixieren.
Die Maus mit dem Ski-Pullover nähen Sie folgedermaßen:

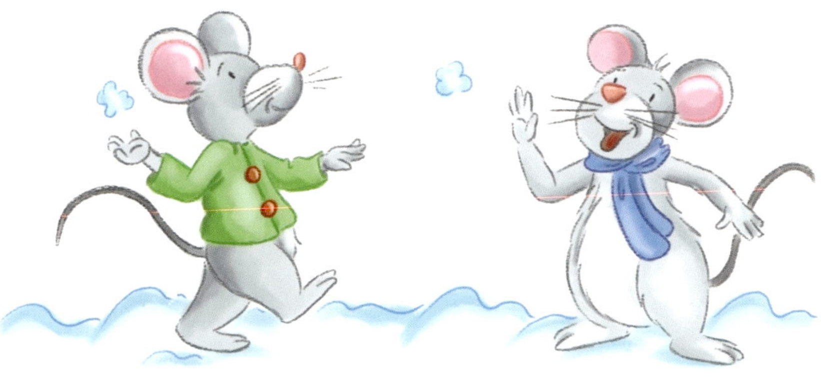

Abb. 6 Aus einem Paar bunter Socken schneiden Sie den Pullover zu, indem Sie den Socken knapp oberhalb der Ferse abschneiden. Der Sockenbund dient als Kragen. Ziehen Sie den Socken der Maus an und nähen Sie den Pullover unten mit dem Leiterstich an die Maus. Dabei die Schnittkante nach innen biegen.

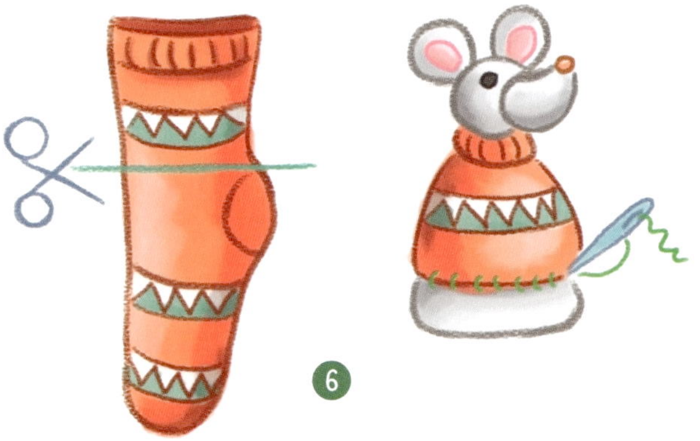

6

Abb. 7 Aus dem restlichen Sockenteil den Ärmel im Bug zuschneiden und rechts auf rechts entlang des Buges zusammennähen. Wenden und die Arme ungefüllt mit dem Leiterstich an den Körper nähen. Dabei die Schnittkante nach innen biegen.

7

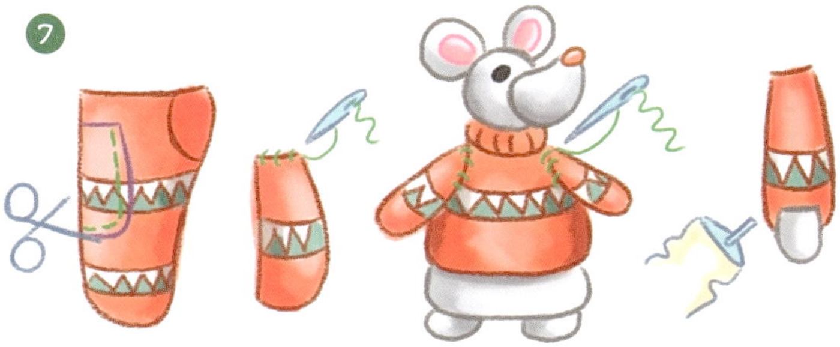

Wenn Sie möchten, können Sie auch die Hände mit Textilkleber an die Innenseiten der Arme kleben.

Abb. 8 Für die Mütze den zweiten bunten Socken in der gewünschten Länge abschneiden. Den Socken auf links wenden und rundum einen Heftstich nähen, zusammenziehen, gut umwickeln und verknoten. Die Mütze auf rechts wenden und zwei Löcher für die Ohren einschneiden.

8

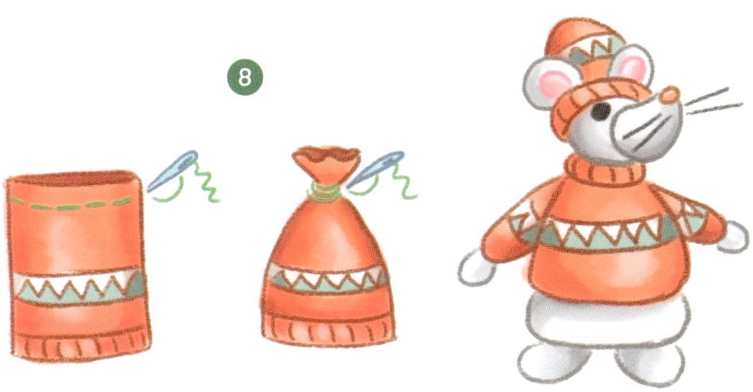

Schnittmuster Weihnachtsmäuse

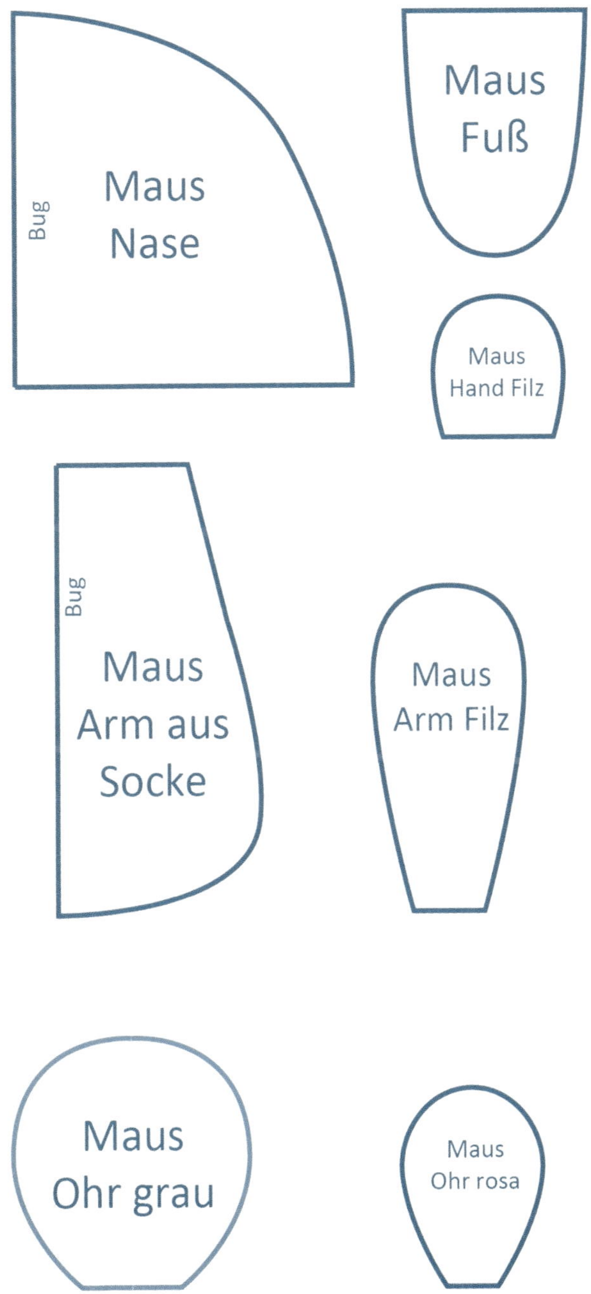

Gemütliche Winterrobben

Schwierigkeitsgrad 2

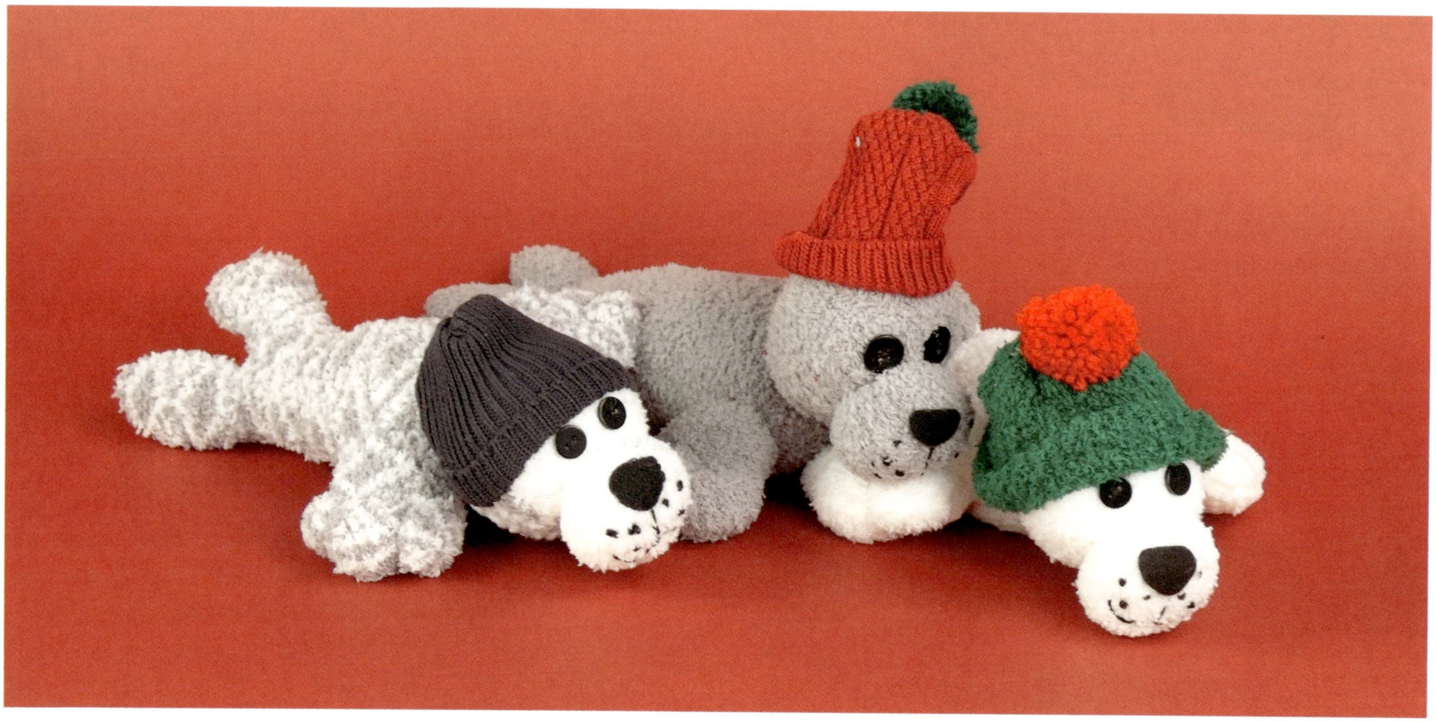

Das wird gebraucht

- Ein paar weiße oder graue Kuschelsocken
- Eine Socke für die Mütze (sehr hübsch sehen Stricksocken aus)
- Zwei schwarze Knöpfe
- Schwarzer Filz
- Schwarze Stickwolle
- Füllwatte
- Textilkleber
- Trickmarker
- Schnittmuster auf Seite 103

So wird's gemacht:

Abb. 1 Eine der beiden Kuschelsocken für den Körper auf links wenden und die Zehenspitze zum Bündchen biegen. Die Ferse rechts auf rechts abnähen und bis auf eine Nahtzugabe zurück schneiden.

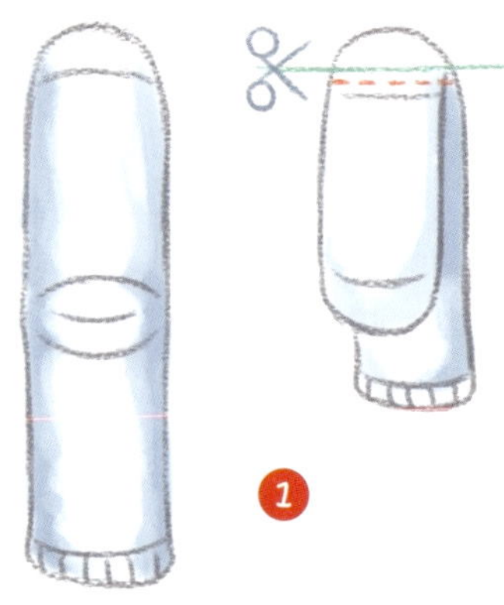

1

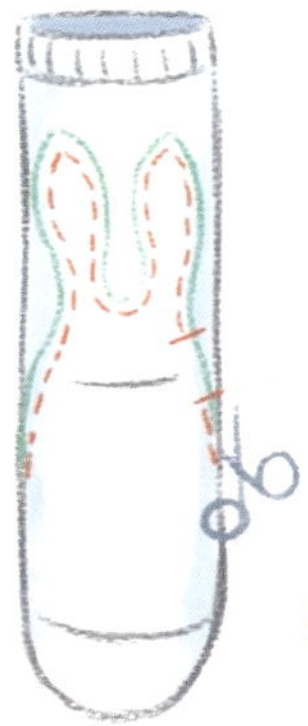

1

Legen Sie die Socke nun so vor sich, dass die abgenähte Ferse oben liegt. Zeichnen Sie mit dem Trickmarker die Hinterflosse ein und nähen diese seitlich auslaufend, wobei Sie eine kleine Wendeöffnung unbenäht lassen.

Abb. 2 Den Körper nun auf rechts wenden und gut mit Füllwatte ausstopfen. Die Wendeöffnung von rechts mit dem Leiterstich schließen. Dabei biegen Sie die Schnittkante nach innen.

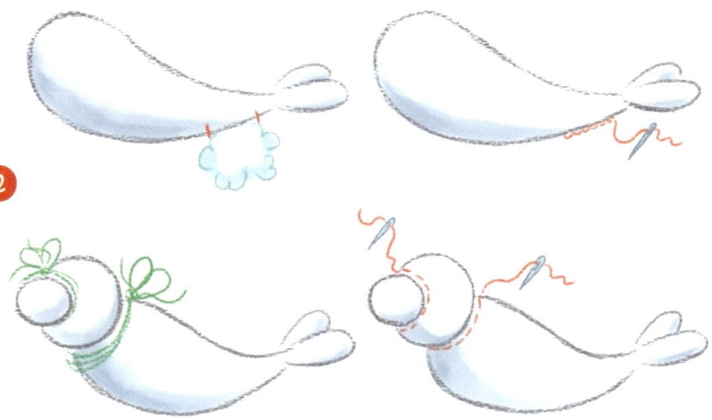

2

Binden Sie den Kopf und die Schnauze vorerst mit einem Wollfaden ab und mit einer Masche zu. Danach ziehen Sie neben dem Wollfaden mit einem passenden Nähgarn einen Heftstich ein, ziehen diesen gut zusammen, umwickeln einige Male und verknoten gut. Zuletzt können Sie den Wollfaden einfach wieder entfernen.

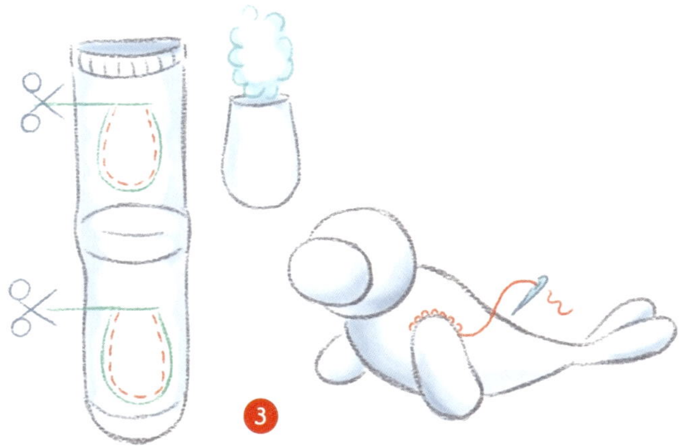

3

Abb. 3 Die zweite Körpersocke ebenso auf links wenden und mit der Ferse nach oben hinlegen. Die beiden Vorderflossen einzeichnen und nähen. Auf rechts wenden, mit Füllwatte ausstopfen und mit dem Leiterstich seitlich an die Robbe nähen. Dabei die Schnittkante nach innen biegen.

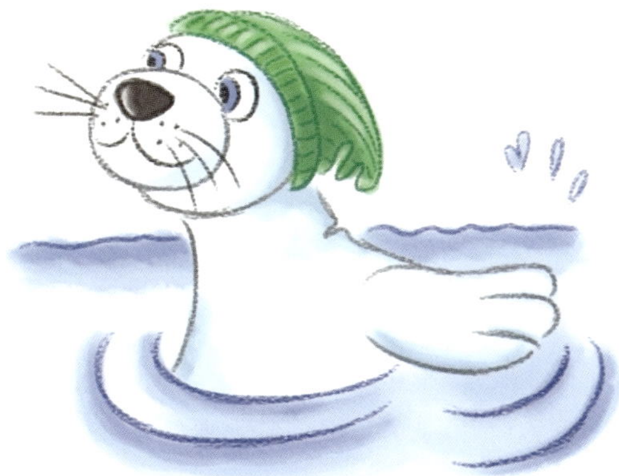

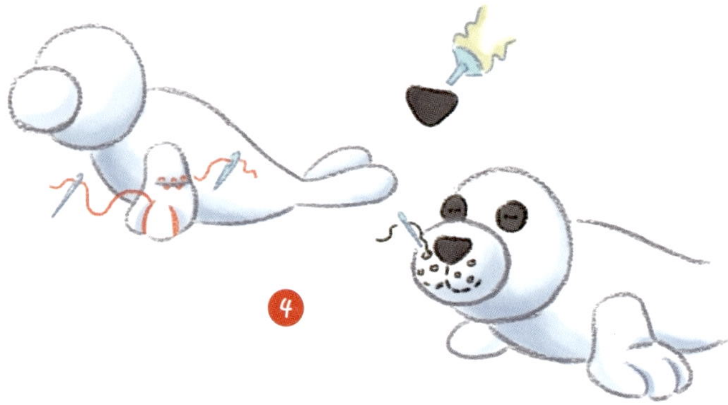

Abb. 4 Verfeinern Sie Ihre Robbe, indem Sie mit dem Garn die Flossen definieren. Dafür einige Male oben und unten einstechen. Damit die Robbe besser sitzen kann, bei den Flossen eine Falte abstecken und mit dem Leiterstich festnähen.
Die Nase können Sie aus schwarzem Filz ausschneiden und entweder ankleben oder mit dem Knopflochstich annähen. Für die Augen zwei kleine schwarze Knöpfe annähen und den Mund mit Stickwolle und dem Rückwärtsstich aufnähen. Die Punkte für die Schnurrhaare sticken Sie mithilfe des Knötchenstichs auf.

Abb. 5 Für die Mütze der Winter-Robbe wenden Sie die gewünschte Socke auf links. Schneiden Sie in der gewünschten Länge zwischen Bündchen und Ferse ab. Bei einer Stricksocke empfiehlt es sich, den abgeschnittenen Rand zu versäubern. Ziehen Sie am oberen Ende einen Heftstich ein, umwickeln einige Male und verknoten gut.

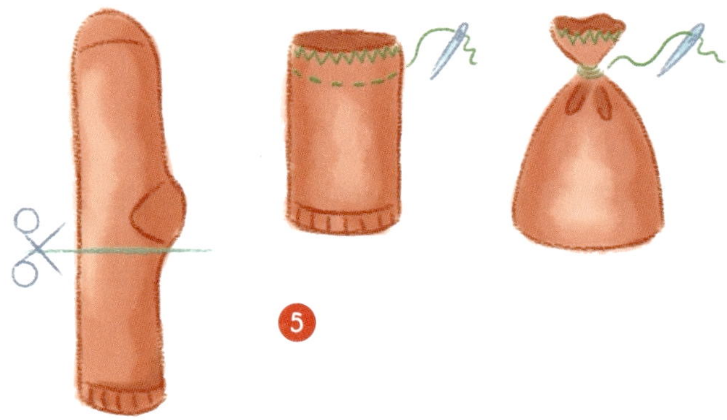

Abb. 6 Wenn Sie die Socke nun wieder auf rechts wenden, haben Sie bereits eine nette Mütze. Das Bündchen können Sie zur Krempe umbiegen und eine kleine Quaste aus Wolle anknüpfen. Zuletzt die Mütze eventuell noch mit dem Leiterstich an der Robbe fixieren.

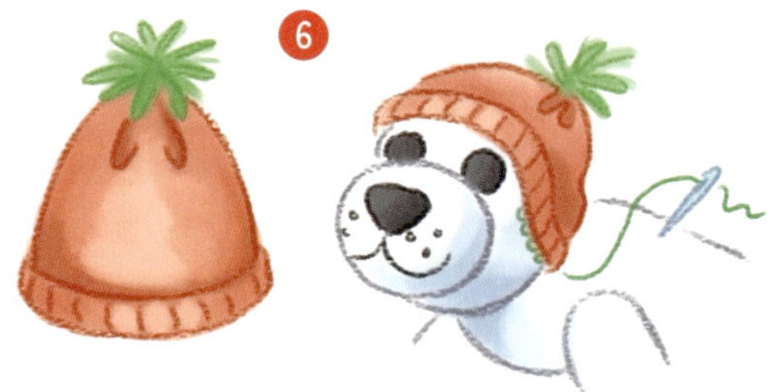

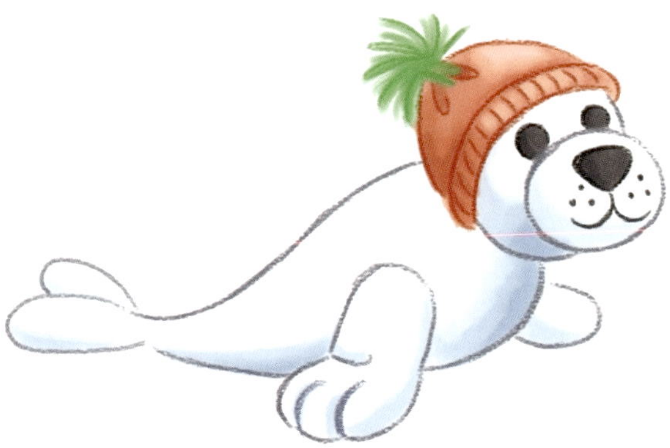

Schnittmuster Winterrobben

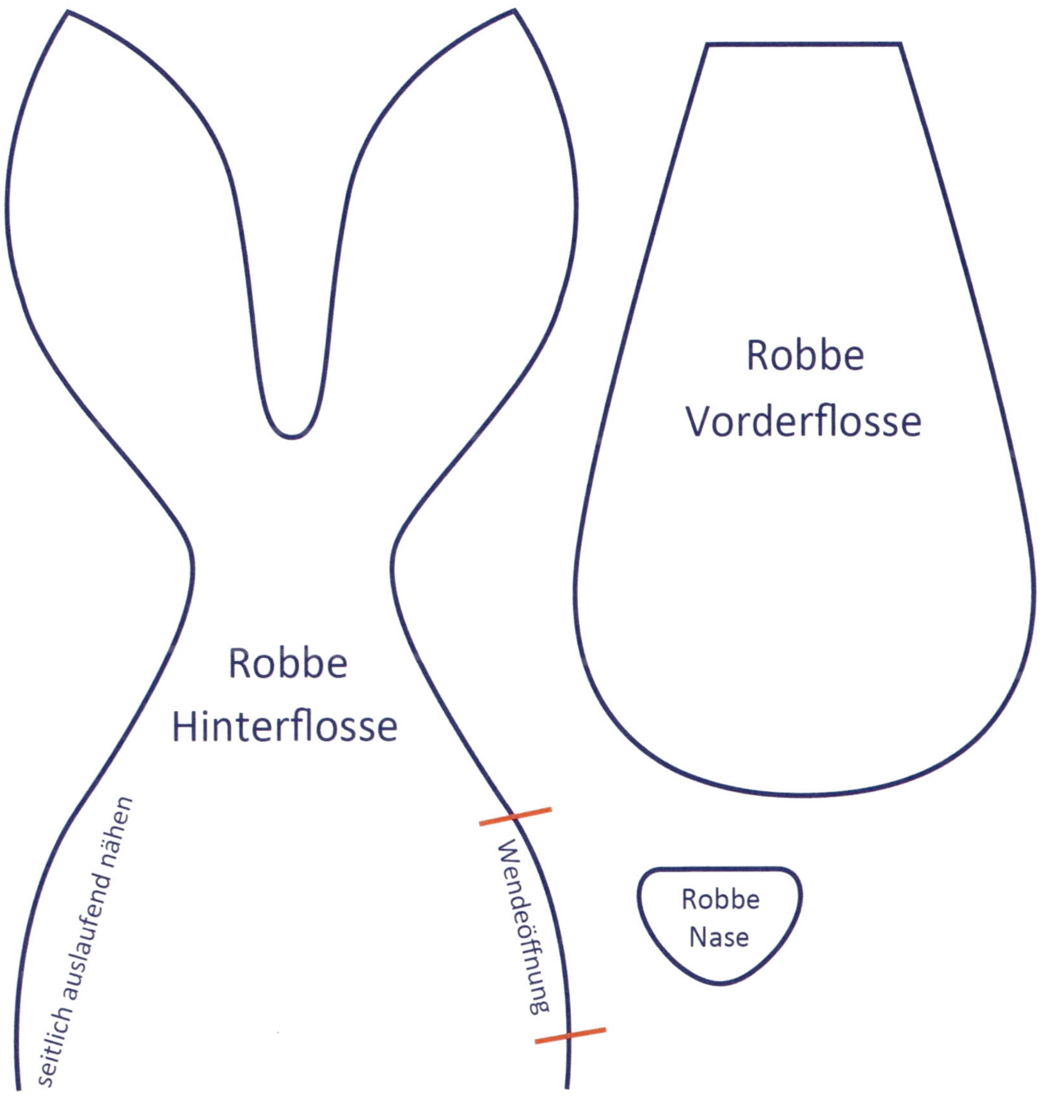

Bunte Sockenreste-Schlange

Schwierigkeitsgrad 2

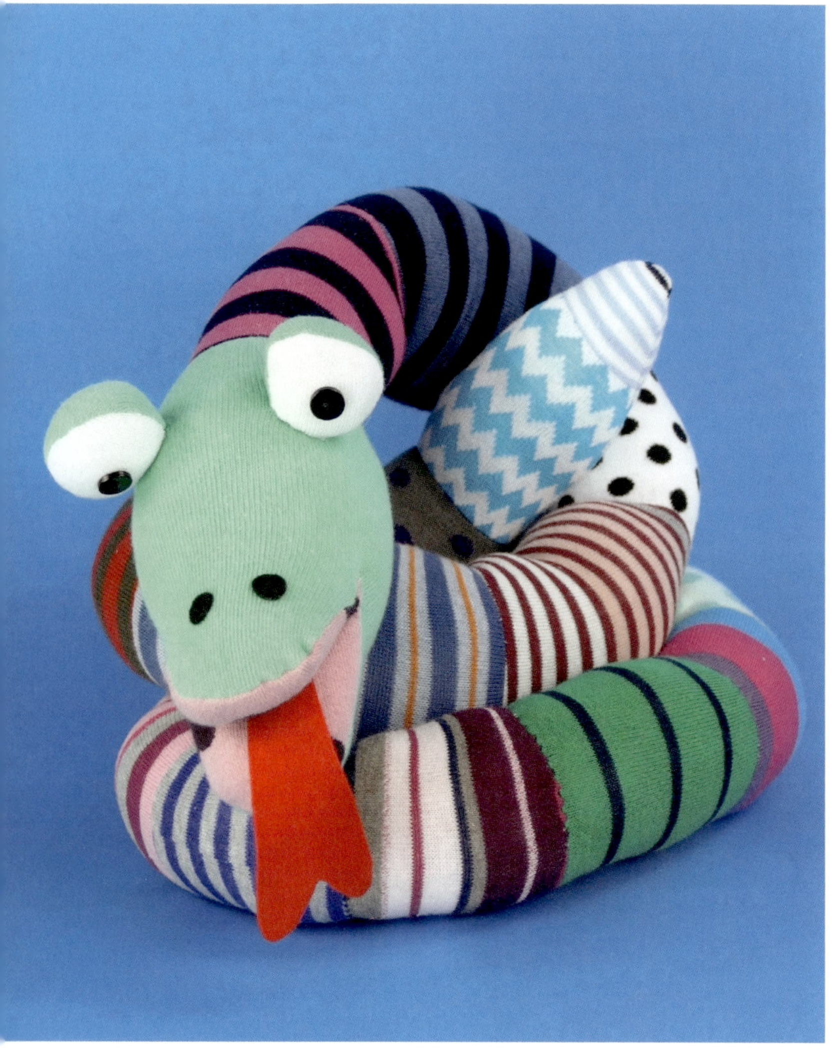

Das wird gebraucht

- Vorderteil einer Socke für den Kopf
- Eine Strumpfhose oder eine lange Socke in Rosa für den Mund
- Ein Stück einer weißen Socke
- 2 schwarze Knöpfe
- Roter Filz
- Schwarzer Filz
- Textilkleber
- Füllwatte
- Trickmarker
- Viele verschiedene Sockenreste
- Schnittmuster auf Seite 107

So wird's gemacht:

Abb. 1 Die Socke für den Kopf in einem runden Bogen unterhalb der Zehenspitze abschneiden.
Aus einer hellen Strumpfhose oder einem Kniestrumpf ein langes Stück für das Innenteil ausschneiden. Den Mund aufklappen und rechts auf rechts auf den rosa Stoff stecken. Rundum festnähen und mit einer Nahtzugabe ausschneiden.
Die Socke für den Kopf an der gewünschten Länge oberhalb der Ferse gerade abschneiden.

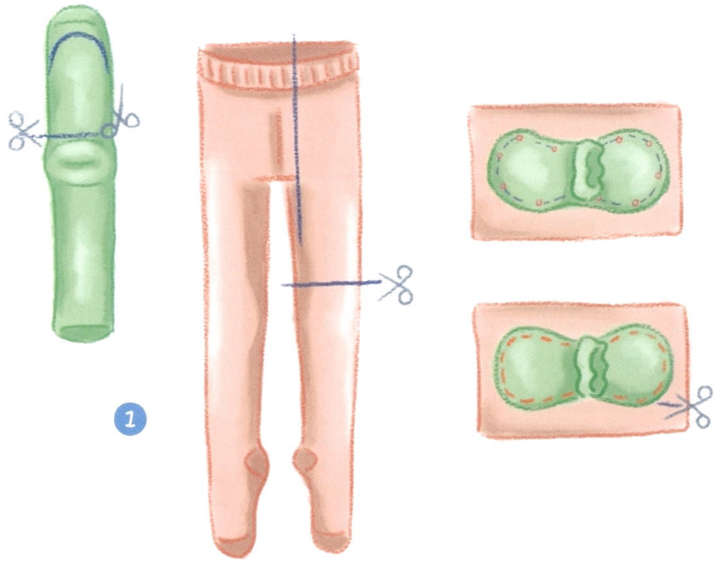

1

Abb. 2 Sammeln Sie alle Ihre Sockenreste zusammen und schneiden Sie jeweils Zehenspitzen, Fersen oder Bündchen ab. Legen Sie Ihre Schlange erst mal vor sich auf. Dabei können Sie auch schon die Körperform berücksichtigen, indem die Socken zum Ende hin immer schmaler werden.

Die Sockenteile jeweils rechts an das vordere Teil stecken und rundum annähen. Dabei fällt es leichter, „innen" zu nähen. Belassen Sie regelmäßig kurze Wendeöffnungen unbenäht.

Durch die letzte Wendeöffnung die linke Seite herausstülpen und das Schwänzchen auslaufend abnähen.

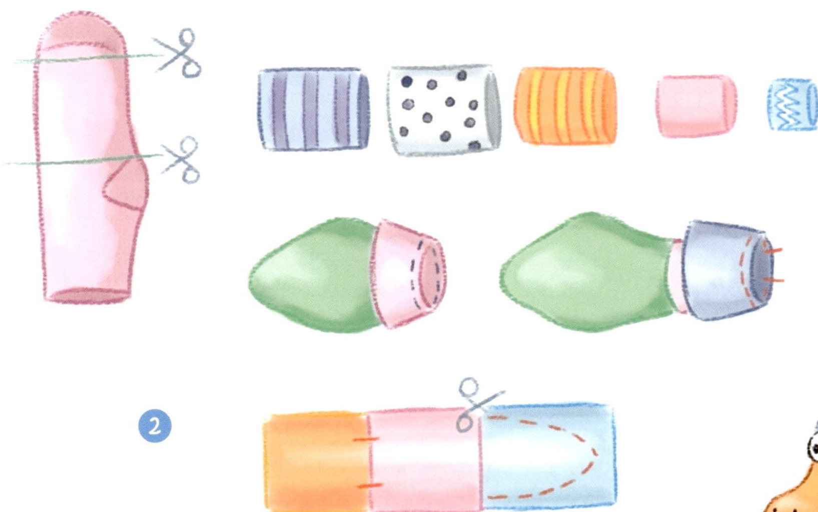

2

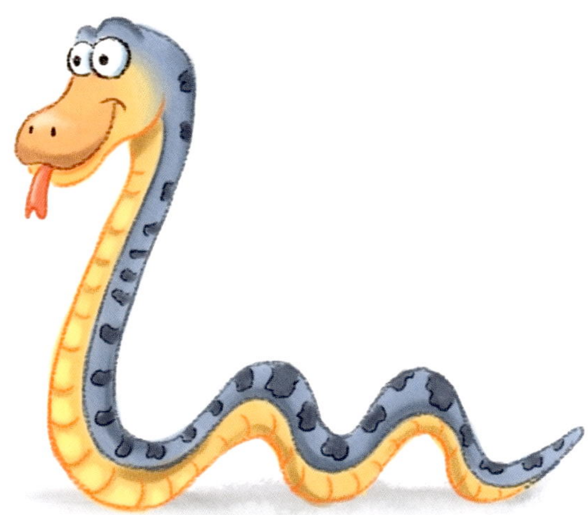

3

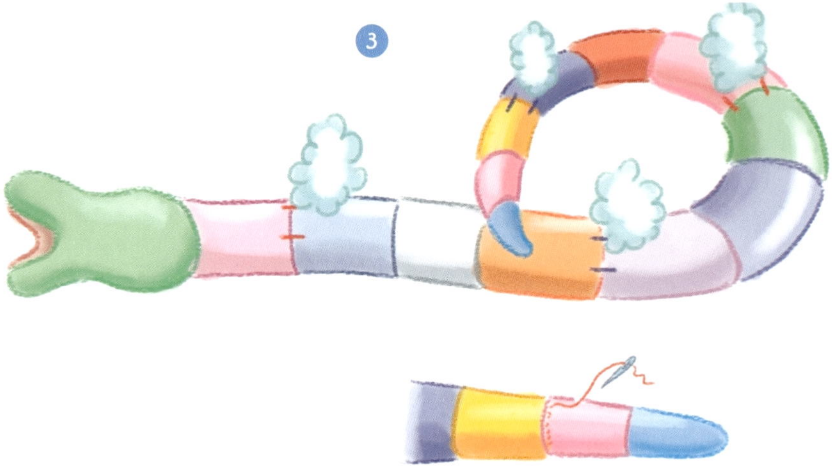

Abb. 3 Die Schlange an den Wendeöffnungen gut mit Füllwatte ausstopfen und alle Öffnungen von außen mit dem Leiterstich schließen.

Abb. 4 Die beiden Augen aus einem Stück der Kopf-Socke sowie der weißen Socke nähen. Beide Teile rechts auf rechts legen und zusammennähen. Wenden, mit Füllwatte ausstopfen und mit dem Leiterstich an den Kopf nähen. Dabei biegen Sie die Schnittkante nach innen.
Die Zunge aus Filz zuschneiden und innen am Mund mit einigen Stichen festnähen. Danach die Mundwinkel außen mit dem Leiterstich schließen.
Die Nasenlöcher aus schwarzen Filzkreisen ankleben und für die Pupillen zwei schwarze Knöpfe annähen.

4

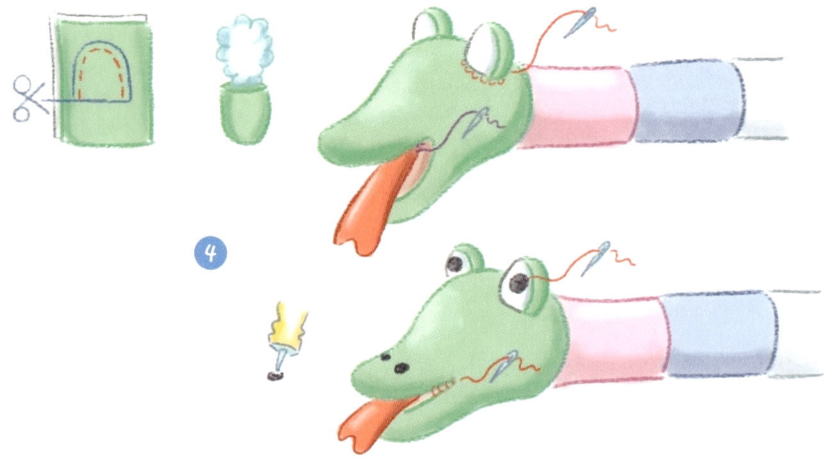

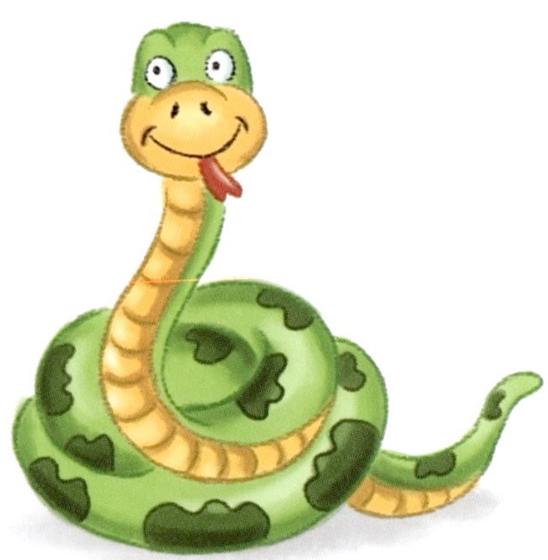

Schnittmuster Sockenreste-Schlange

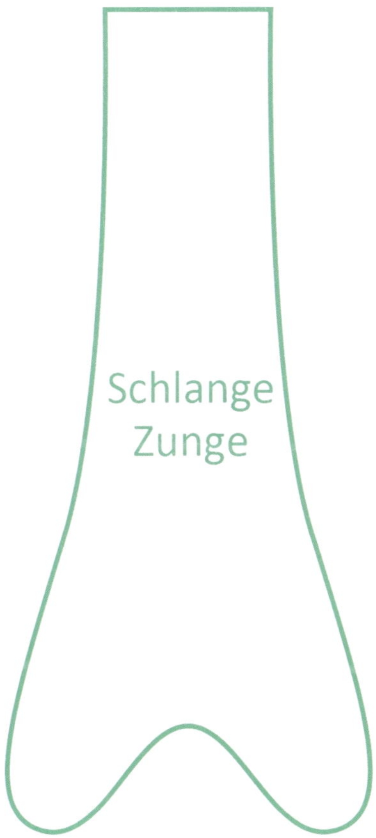

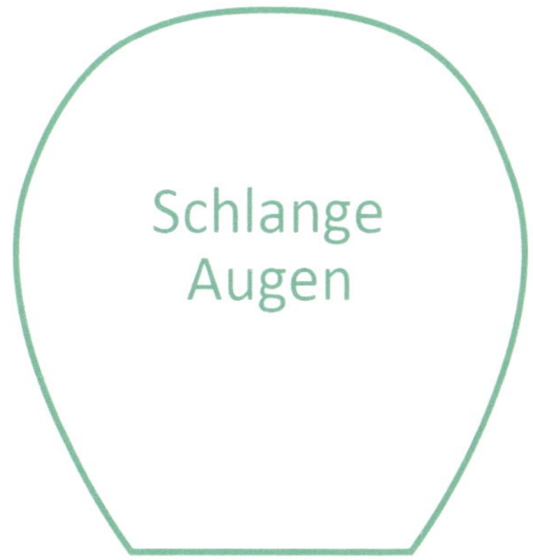

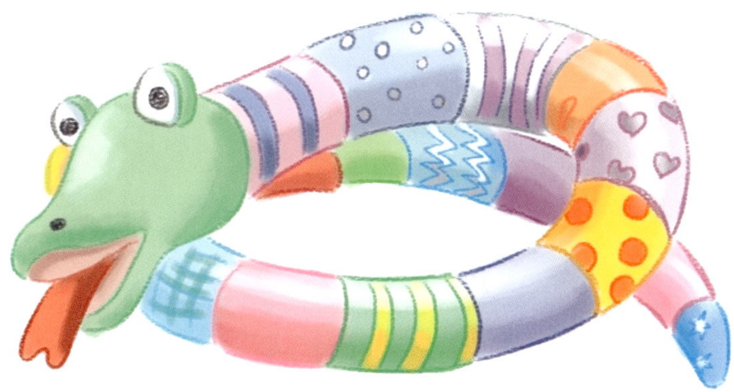

Über die Autorin

Irene Brischnik lebt als freischaffende Künstlerin mit ihrem Mann, Kind und Hund in Weiz (Österreich). Aufgrund der bereits frühen Nähbegeisterung absolvierte sie ein Modekolleg in Wien, wo sie auch ihre Leidenschaft für die Malerei entdeckte. 2010 erfüllte sie sich den lang gehegten Traum der Selbstständigkeit als Kinderbuch-Illustratorin und Autorin. Da sie besonders das Erfinden und Gestalten fröhlicher Figuren liebt, vereinte sie beide Leidenschaften mit dem Nähen von Stofftieren und Puppen.

Impressum

Illustrationen: Irene Brischnik
Fotos: Melanie Stiebner, Irene Brischnik (Cover, Seite 4, 6)
Umschlaggestaltung, Layout und Produktion:
VerlagsService Gaby Herbrecht
Korrektorat: Linde Wiesner

Bibliografische Information der Deutschen Nationalbibliothek: Die Deutsche Nationalbibliothek verzeichnet diese Publikation in der Deutschen Nationalbibliografie; detaillierte bibliografische Daten sind im Internet über http://dnb.dnb.de abrufbar.

Gesamtherstellung: Stiebner, Grünwald

Printed in Lithuania

ISBN 978-3-8307-0997-8

www.stiebner.com

Wir produzieren unsere Bücher mit großer Sorgfalt und Genauigkeit. Falls sich doch ein Fehler eingeschlichen haben sollte, dann geben Sie uns gerne Feedback unter verlag@stiebner.com – wir freuen uns immer über Hinweise, denn sie helfen uns, unsere Bücher noch besser zu machen.

Unter www.stiebner.com/errata/0997-8.com finden Sie eventuelle Hinweise und Korrekturen zu diesem Titel.

Dieser Titel ist auch als E-Book verfügbar
(ISBN 978-3-8307-3026-2)